그가 들으시니

시편에서 발견한 시편

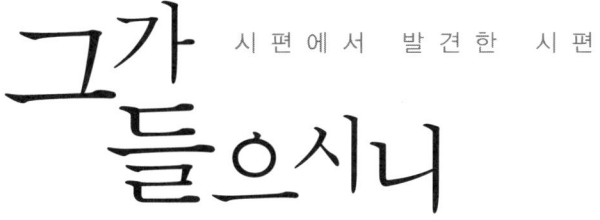

시편에서 발견한 시편

그가 들으시니

한현수 시집

시인동네

리투아니아 샤울레이의 십자가 언덕

시인의 말

한 방울도 내 것은 없다
나는 내게 주어진 것을 나타낼 뿐

주어진 것으로 내가 깊어지며
주어진 것으로 내가 소리를 낸다

주어진 것을 묵상하는 나는
가만히 있어
주어진 것을 흐르게 한다

다만 내 안에 고여서
비우듯 흐르게 한다
—「샘터」

종교개혁 500주년 2017년 6월
한현수

서문

시편 말씀이 영혼으로 흘러들어

홍기영(창조교회 목사)

생명들이 살아납니다.
다같이 거무스름한 색이었다가 자신만의 빛깔로 피어납니다.
　마르틴 루터의 표현대로 "시편은 우리 주 예수 그리스도의 노래"입니다. 한현수 시인이 예수님을 마음에 모시고, 시편 말씀을 그 마음의 공간에서 거닐며 느끼며 누리어 길어낸 『시편에서 발견한 시편, 그가 들으시니』를 만나며, 새록새록 온 산 가득히 피어난 산수유, 개나리, 진달래, 목련, 벚꽃을 느낍니다.

　시인의 시편에서 만난 시편에는 맑은 영혼에 흘러들어 간 말씀이 봄꽃처럼 조심스레 수줍은 듯 피어나 내 마음의 영토를 온통 향기로운 시로 풍성하게 하는 행복함이 있습니다. 시편을 내 마음의 언어로 읽어가며 자신만의 목소리로 풀어내는 또 하나의 시편이 영혼을 고요히 그런데 깊게 울립니다.

의사로서 사람을 사랑하고 사람의 몸을 이해하는 깊이만큼이나, 자연과 꽃의 이야기를 풀어가는 시인을 볼 때 늘 숙연해지는 진지함이 있습니다. 시편을 읽으며 자신에게만 들려오는 하나님의 음성을 또 하나의 시편으로 길어내는 영성은 아마도 자신의 내면을 들여다보며 자연과 교감하던 오랜 삶의 흔적이란 마음이 듭니다.

　찬양을 사랑하고 주님을 노래하기를 기뻐하는 신앙생활을 보아왔기에, 시편에서 시편을 길어내는 모습이 어색하지 않았습니다. 자연으로부터 자연스레 흘러나오는 시들로 우리 영혼을 맑고 싱그럽게 해주시던 한현수 시인이, 말씀이 영혼으로 흘러들어 자신의 언어로 펼쳐가는 시편을 대하며 우리의 서정 영역에 펼쳐진 또 다른 거룩함을 느껴봅니다.

　의사를 만나면 건강의 고민이 해결되듯, 시편에서 나온 시편을 대하며 어렵게 엉클어진 생각들이 담백한 사랑의 노래로 울려 퍼집니다.

　호흡이 있는 자여, 하나님을 찬양하자
　호흡은 하나님의 것이니
　할렐루야!

◯ 차례

- **시인의 말**
- **서문**_ 홍기영(창조교회 목사)

제1권

시편 1 　복 있는 사람 _ 19
시편 2 　메시야 _ 20
시편 3 　광야 나루터에서 _ 22
시편 4 　이 기쁨 이 평안 _ 23
시편 5 　주의 사랑에 힘입어 _ 24
시편 6 　이제 그만 _ 26
시편 7 　하나님, 다 아시지요? _ 27
시편 8 　손가락으로 만드신 _ 29
시편 9 　주의 이름을 아는 자 _ 30
시편 10 　그의 생각을 생각해 _ 31
시편 11 　터가 무너지면 _ 33
시편 12 　언어 위에 언어 _ 34
시편 13 　벽 _ 35
시편 14 　무신론자에게 1 _ 36
시편 15 　증언 _ 37
시편 16 　피난처 1 _ 38

시편 17   죄에 관하여 이런 기도를 드릴 수 있기를 _ 39
시편 18   내 눈을 열어 _ 40
시편 19   주의 말씀 _ 41
시편 20   출전(出戰) _ 43
시편 21   개선의 노래 _ 44
시편 22   십자가의 노래 _ 45
시편 23   내 잔이 넘치네 _ 48
시편 24   임재 _ 49
시편 25   주를 바라볼 수 있다면 _ 51
시편 26   그 사랑 때문에 _ 52
시편 27   내 얼굴을 찾으라 _ 53
시편 28   내 마음만은 _ 54
시편 29   화답 _ 55
시편 30   진노는 잠깐, 은혜는 평생 _ 57
시편 31   어떻게 기뻐할 수 있을까? _ 58
시편 32   어떻게 하면 길이 보일까? _ 60
시편 33   기다림 _ 62
시편 34   선의 결핍 _ 64
시편 35   일용할 버킷리스트 _ 65
시편 36   두 가지 자화상 _ 66
시편 37   온유 _ 67

시편 38 부끄러움을 기념하다 _69
시편 39 첫사랑 _70
시편 40 귀와 귀 _72
시편 41 수식도 가식도 없이 _73

제2권

시편 42&43 내 영혼아 1 _76
시편 44 나의 마지막 눈길은 어디에 _78
시편 45 왕은 하나 _80
시편 46 피난처 2 _82
시편 47 박수를 치고 소리를 질러 _83
시편 48 하나님이 계신 곳 _84
시편 49 연습하라 죽음 _85
시편 50 마음을 드러내어 _87
시편 51 헤쎄드 _88
시편 52 주가 하셨다 _89
시편 53 무신론자에게 2 _90
시편 54 믿는 것이 아닌 믿어지는 것 _91
시편 55 출구 없는 방 _92
시편 56 의지하게 되면 그만큼 _93
시편 57 어떤 상황에서도 _94

시편 58 달팽이집 _ 95
시편 59 싸우지 않는 배틀 _ 96
시편 60 자신에게 절망한 사람에게 _ 97
시편 61 그 길밖에 없습니다 _ 98
시편 62 잠잠히 _ 99
시편 63 갈급 _ 100
시편 64 과녁 _ 102
시편 65 가슴 깊은 곳에 _ 103
시편 66 은같이 단련하신 후에 _ 104
시편 67 기도의 씨앗 _ 105
시편 68 swag _ 106
시편 69 가난하고 슬퍼지는 내가 _ 108
시편 70 주여, 란 말 _ 109
시편 71 백발의 자화상 _ 110
시편 72 정의가 꽃을 피우게 _ 111

제3권

시편 73 찬양 뮤지션들에게 _ 114
시편 74 응답이 없는 기도 _ 116
시편 75 뿔을 들지 말라 _ 117
시편 76 한번 _ 118

시편 77 작은 물결 _ 119
시편 78 휘어진 가지 _ 121
시편 79 갇힌 자의 탄식 _ 123
시편 80 포도나무 _ 124
시편 81 입을 크게 열어 _ 125
시편 82 재판관에게 _ 126
시편 83 고립의 응답 _ 127
시편 84 생각만 해도 _ 128
시편 85 부흥 _ 129
시편 86 은혜의 표적 _ 130
시편 87 정체성에 관하여 _ 131
시편 88 영혼의 어두운 밤 _ 132
시편 89 다윗을 찾아내듯 _ 133

제4권

시편 90 소멸, 달개비처럼 _ 136
시편 91 거처 _ 137
시편 92 수읽기 _ 138
시편 92 안식일의 노래 _ 140
시편 93 통치 1 _ 141
시편 94 gate, 악의 꽃 _ 142

시편 95　일용할 안식 _ 144
시편 96　새 노래로 _ 145
시편 97　통치 2 _ 146
시편 98　노래하는 시인 _ 147
시편 99　통치 3 _ 148
시편 100　나는 행복한 예배자 _ 149
시편 101　통치자의 선서 _ 150
시편 102　중년, 광야의 올빼미 _ 151
시편 103　내 영혼아 2 _ 153
시편 104　내 영혼아 3 _ 155
시편 105　언약에 의한 언약을 위한 _ 156
시편 106　중재 _ 158

제5권

시편 107　기다림의 자리 _ 162
시편 108　응답 _ 163
시편 109　아픈 소원 _ 164
시편 110　새벽이슬 같은 _ 165
시편 111　지혜의 시작 _ 166
시편 112　주의 계명을 즐거워하여 _ 167
시편 113　사랑 _ 168

시편 114 부르심 _ 169

시편 115 우상의 진화 _ 170

시편 116 그가 들으시니 _ 171

시편 117 찬양의 이유 _ 172

시편 118 예배자 _ 173

시편 119 말씀의 길을 걷는 자 _ 174

시편 120 나의 모습 _ 176

시편 121 순례의 길 _ 177

시편 122 샬롬 _ 178

시편 123 조소와 멸시가 넘칠 때 _ 179

시편 124 이기적 올무 _ 180

시편 125 두름 _ 181

시편 126 꿈꾸는 것같이 _ 182

시편 127 나를 지으신 그가 _ 183

시편 128 집 생각 _ 184

시편 129 등과 등을 맞대고 _ 185

시편 130 기다림 _ 186

시편 131 소유와 존재에 관한 질문 _ 187

시편 132 잃어버린 성막을 찾아 나설 때 _ 188

시편 133 하나 되어 함께 _ 189

시편 134 육체의 성전에게 _ 190

시편 135　그의 특별한 소유 _ 191

시편 136　발끝에서 머리털 끝까지 _ 192

시편 137　돌아갈 자리 _ 193

시편 138　드러냄 _ 194

시편 139　하나님 앞에 발견되는 나 _ 195

시편 140　입술의 재난 _ 196

시편 141　촛불 _ 197

시편 142　막장에서 만나다 _ 198

시편 143　위험한 피로 _ 199

시편 144　주의 손에 붙잡힌 나의 손 _ 200

시편 145　피아니시모 _ 201

시편 146　찬양하라, 통치하시는 하나님을 _ 202

시편 147　말씀을 보내시니 _ 203

시편 148　모든 피조물들의 찬양 _ 204

시편 149　성도의 영광 _ 205

시편 150　인생의 마무리 _ 206

제1권

주의 이름이 온 땅에 어찌 그리 아름다운지요(시8:1)

시편 1

복 있는 사람

복 있는 사람은
잎사귀가 빛을 바라는 것같이
주의 말씀을 묵상하지요

그는, 물가에 심겨진 나무

그가 무엇을 하든 그의 삶에
잎사귀가 마르지 않아요

가지가 빛이 오는 길을 찾아가요
작은 가지가 큰 가지를 넘어가요
부러지지 않아요

시편 2
메시야

너는 내 아들,
오늘 내가 너를 낳았으니
내 아들의 소유는 땅 끝까지 있고
토기장이가 그릇을 부수는 것같이
그가 모든 대적을 멸하리니

어찌하여 분노하고 헛된 일을 도모하는가
어찌하여 내가 기름 부은 왕에게서 벗어나려 하는가
조금도 두려워하지 않는 사람아
나 여호와는 웃음이 나올 뿐

지금 돌아서라
내게로 피하는 자는 복이 있으리니

모두 나와
내 아들에게 입 맞추라
그렇지 아니하면 모두 길에서 망하리니
철장에 깨질 질그릇 같은 존재여

어서 그에게 입 맞추라
그가 주의 백성을 다스릴 것이다

시편 3

광야 나루터에서

하나님이 일어나신다
하나님이 나를 구원하신다

천만인의 대적이 나를 에워싸며 좁혀 온다 해도
요단강 건너 광야 나루터에서 기별을 기다리다가
내가 편안히 누워 자고 깨어날 수 있는 이유,
내가 아침에 찬양할 수 있는 이유,
하나님이 나를 붙드신다
그가 조롱하는 저들의 머리를 부서뜨리며
저들의 이를 뽑으셨으니
무엇을 두려워할 것인가
하나님이 일어나신다
하나님이 나를 구원하신다
난 목소리를 내어 간절히 기도할 뿐
슬퍼하지 말자
그가 나의 머리를 들어주실 것이니
구원은 하나님께만 있으니

시편 4
이 기쁨 이 평안

어느 때까지인가
나를 욕되게 하며 거짓을 구하려는 일들
저들이 떨며 죄를 범하는 일들

잠잠하라, 밤이면 너희 영혼의 소리를 들어보라
더는 거짓 제사를 드리지 말지니

내 의의 하나님이 경건한 나의 기도를 들으신다
내가 부를 때에 그는 응답하시는 분

누가 누구에게서 선한 것을 찾으려는가
너희 공허를 무엇으로 채우려는가

주여, 주의 얼굴을 들어 비추소서
이 기쁨, 추수 잔치의 풍성함보다 더할 것이니
이 평안, 내가 곤란 중에도 단잠을 들게 할 것이니

그건 오직 주님 때문

시편 5

주의 사랑에 힘입어

주여,
나의 말에 귀 기울여 주세요
아침마다 나의 소원을 들으시는
나의 왕 나의 하나님이여
주님을 피난처로 삼는 사람에게 기쁨을 주세요

주의 이름을 노래하고
주의 이름을 사랑하고
주를 기뻐하는 사람들,
저들을 보호하여 주세요
모든 악하고 거만하고 거짓말하는 자들로부터

주여, 내 눈에
주의 곧은길을 보여 주세요
저기 열린 무덤 같은 목구멍과 아첨하는 혀를 가진 자들
주를 배반하고 자기의 꾀에 빠지는 자들로부터
이 영혼을 보호하여 주세요
주님이 나의 피난처입니다

오직 나는 주의 사랑을 힘입어
주의 집에 들어가 엎드립니다

시편 6
이제 그만

어느 때까지인가
나의 뼈가 떨리고 영혼까지 떨리는 것은
주여, 이제 그만 용서하여 주시기를
제발 내게서 얼굴을 돌리지 마시고
내 영혼을 건져주시기를
사랑으로 나를 살려주시기를
절망 중에 어찌 주를 기억할 수 있을까
무덤 속에서 어찌 주를 찬양할 수 있을까
나는 밤마다 눈물로 침상을 적신다
절망만 바라보다가 눈은 쇠하고 어두워졌으니
아, 어느 때까지인가

절망아, 이제 그만 나를 떠나라
너희는 다 나를 떠나라 그분이 응답하시니
세상이 다시 열리는구나
그분이 내 울음소리를 들으셨다
주의 이름 앞에
절망은 부끄러워 떨며 물러가거라

시편 7
하나님, 다 아시지요?

어찌하라고
저들은 사자같이 나를 쫓아오고
나를 모함하고 찢고 뜯으려 하는지

하나님, 다 아시지요?
내가 할 수 있는 건 엎드려 기도할 뿐

정직한 자를 찾으시는 하나님만이 아실 것이다
지존하신 하나님 앞에
다른 마음을 가질 수 있겠는가
하나님이 그의 칼을 가는 소리 들리지 않는가
그의 활을 이미 당기고 있으신데
불화살이 보이지 않는가
어찌 죄악을 낳고 거짓을 낳는단 말인가

나를 위하여 주님이
일어나실 것이다
깨어나실 것이다

자기의 웅덩이를 파는 자들아
스스로 만든 저주가 자기 정수리로 내리겠구나

하나님, 다 아시지요?
나는 다만 감사함으로
여호와의 이름을 찬양할 뿐이니

시편 8
손가락으로 만드신

저것 봐요, 그만 쏟아져 내릴 것같이
보석들이 하늘을 수놓은 모습
주의 영광이 하늘을 덮고 있어요

주의 이름이 얼마나 아름다운지
주의 손가락으로 만드신 하늘을 봐요
하늘과 땅에 가득한 주의 영광을

찬양해요, 주의 힘과 놀라운 솜씨!
어린이와 젖먹이들까지 찬양하는 것 봐요
저 하늘을 보고 찬양하지 않는다면
돌들이 일어나 입을 열지요

일어나 찬양해요, 사람이 무엇이기에
주는 저들을 그리 생각하시는지
주는 저들을 그리 돌보시는지

시편 9

주의 이름을 아는 자

오직 우리가 바랄 것은 주의 이름을 아는 것, 주의 이름을 온몸으로 경험하는 것, 그리하여 우리가 맘껏 감사하며 주의 기이한 일을 전하는 것입니다 주의 이름을 기뻐하고 즐거워하고 지존하신 주님을 찬송할 것입니다 주는 공의로 심판하시며 정직으로 판결하시는 분, 그리고 주는 압제당하는 자의 요새요 환난 때의 요새, 라고 목소리를 높일 것입니다 주의 이름 앞에 원수가 물러나고 있어요 원수의 목숨이 끊어지고 있군요 저것 봐요 자기가 판 웅덩이에 빠지고 있어요 자기가 숨긴 그물에 자기 발이 걸리고 있어요 주의 이름을 잊어버린 자들이 무덤으로 회귀하네요 주의 이름을 아는 자여, 승리를 선포하세요 시온의 입구에서 승리의 합창을 불러요 주님은 우리를 사망의 문에서 돌아서게 하십니다 주의 이름을 온몸으로 증거 하세요 주님은 겸비한 자의 기도를 잊지 않으십니다 주님께 정직하게 반응하겠다고 결정하세요 주의 이름이면 충분합니다

시편 10
그의 생각을 생각해

주가 멀리 서 있고
숨는 것처럼 느껴지면
생각해, 주가 나를 보고 있다고
저들이 저들의 마음에 하나님이 없다고 말할 때
하나님이 얼굴을 감추었다고 비웃을 때
생각해, 주가 나를 보고 있다고
하나님 일어나 손을 들어달라고
가난한 자들을 잊지 마시라고
그렇게 기도하는 것을 생각해
저들의 입에 저주와 거짓이 가득하고
욕심을 자랑하며 여호와를 배반하는 걸 보았을 때
생각해, 주님만을 생각해
하나님이 없다 말하는 저들을
주가 어떻게 바라보고 있을까
하나님이 일어나 손을 드실 때를 생각해
주가 손을 들어 무엇을 하실까
무엇을 찾아내실까
결코 그의 생각을 놓치질 않겠어

귀를 기울여 들으시는 주가
지금 나를 바라보고 있는 걸
생각해
그의 생각을 생각해

시편 11

터가 무너지면

　무얼 할 수 있을까 터가 무너지면 누구는 은밀한 곳에서 내 몸에 화살을 겨누는 자가 있다고 하고 누구는 내 영혼에게 새같이 높은 산으로 도망가라 하는데 무슨 말인가, 저들의 잔에 채워지는 건 불과 유황과 바람 소리뿐 아, 내 영혼 둘 곳 없이 터가 무너지면 나, 하나님께 달려갈 것이니 숨을 곳을 찾지 않을 것이니 죽을힘 다해 달려가 그분의 얼굴을 마주 볼 수밖에

시편 12

언어 위에 언어

경건이 끊어지고 신실한 사랑이 사라지는 땅에
거짓말과 아첨하는 입술, 두 마음의 언어가 자라난다

모두가 잡초처럼 혀를 내밀고 있을 때

한 모퉁이,
가련한 사람의 눌림과 궁핍한 사람의 탄식의 언어가
하늘의 언어를 깨운다 이는 순결함이여,
흙 도가니에 일곱 번 단련한 은 같은 언어들

완전한 언어들이 자라난다
언어 위에 언어가

이런 날은
곧, 저들의 혀가 끊어지고
불완전한 입술이 닫힌다

주가 임하시는 날엔, 영원까지

시편 13

벽

주여, 어느 때까지
어느 때까지인가요
나를 영원히 잊으신 건가요
당신의 얼굴이 보이질 않아요
제발 내 눈이 뜨이게 해주세요
긴 침묵의 의미를 알 수 있게, 슬픔 너머로
변하지 않는 사랑 가까이 볼 수 있게
이대로 죽음의 잠잘 것 같은 두려움
밀어내는 힘으로
내가 흔들리지 않게
내 눈이 뜨이게 해주세요

시편 14

무신론자에게 1

　당신은 하나님이 없다고 말합니다 그 말은 실상 하나님이 없으면 좋겠다는 생각에서 나온 말입니다 이유는 당신의 죄 때문입니다 그리하여 당신은 하나님을 찾을 만한 지각을 잃었습니다 당신은 얼마나 부패하였으며 얼마나 선한 행실을 상실하였는가요 심판을 떠올리는 당신에게 "하나님이 있다"라는 말은 제일 두려운 말입니다 그게 당신의 갈등입니다 갈등이 깊어질수록 당신은 하나님의 백성을 핍박하는 길을 선택합니다 떡 먹듯이 백성을 먹으면서 하나님을 부정합니다 여전히 하나님이 없다고 말하고 싶은 당신은 반드시 새로운 사실을 목격합니다 하나님의 영광을 증거 하는 저들의 삶을 만나게 되니까요 그게 당신을 더욱 두렵게 하는 이유입니다 저들은 세상의 가장 가난한 곳에서 부끄러움을 노래로 대신합니다 하나님의 임재를 즐거워하고 기뻐합니다 저들이 당신의 허구를 증명하는 증거입니다

시편 15

증언

하나님 나라를 소유하면 어떻게 변하는지 궁금하신가요? 거짓이 없어요 정직합니다 허물하거나 비방하지 않습니다 하나님 앞에 가까이 가게 되니까요 하나님 나라에 눈이 뜨이게 되니 하나님을 경외하게 됩니다 진실합니다 악을 미워하며 손해가 있어도 맹세를 지킵니다 하나님을 아프게 하지 않아요 주의 장막에 머무를 자로서 돈 욕심이 없어지고 뇌물을 받지 않습니다 돈보다 주님을 좋아하게 되지요 이건 확실한 증거 아닐까요 중요한 것은 이렇게 살면서 영원히 흔들리지 않는다는 것입니다

시편 16
피난처 1

주님은 피난처
주 밖에는 그대의 복이 없으니

주 안에서 존귀해지는 자여,
그대 오른편을 지키시는 주님 때문에
그대는 즐거워할 수 있으니

주가 허락한 그대의 분깃은 얼마나 견고한가
그대의 기업은 또한 얼마나 아름다운가

밤마다 그대의 심장이 알려주리라

하나님이 끝까지 지켜주신다
여호와 하나님을 찬양하라

그분이 함께하면 숨결 하나 흔들리지 않으리니
무덤도 죽음도 이 기쁨을
방해하지 못하리니

시편 17
죄에 관하여 이런 기도를 드릴 수 있기를

나의 거짓이 없는 입술로 기도합니다
주여, 내가 결심하여
입으로 죄짓지 않겠다는 약속을 지켰습니다
나의 걸음이 주의 길에 있어 실족하지 않았습니다
죄에는, 주의 얼굴을 볼 수 없는 고통이 따랐습니다
그건 하나님과의 단절을 의미했습니다
주님과 가까이 있으면 죄를 짓지 않기에
주의 날개 그늘 아래 내 몸을 감추었습니다
죄를 미워하되 죄를 정죄하지 않고
사랑으로 바라보게 되었습니다
주여, 당신과 함께하는 한
죄를 짓지 않고 사는 것이 가능하였습니다
내가 떳떳하게 주의 얼굴을 바라보게 되었습니다
잠에서 깨어날 때마다
주를 만나는 것으로 만족하게 되었습니다

시편 18

내 눈을 열어

주가 나의 등불을 켜주셨습니다
주의 자비로움과 주의 흠 없음을 보았고
세상에 가득한 주의 권능을 보았습니다
마음이 어두워지면 주를 헤아리지 못합니다
주님이 내 눈을 열어주십니다
주의 길은 완전합니다
주의 말씀은 티가 없습니다
주는 나의 반석이며 요새요 방패요 구원의 뿔이십니다
그가 내 발을 암사슴 발같이 하여 가파른 산등성에 서게 하십니다
내 팔은 놋활을 당길 수 있습니다

나의 힘이 되신 여호와여, 내가 주를 사랑합니다

시편 19

주의 말씀

하늘이 주의 영광을 말하고
궁창이 주의 솜씨를 보여주네
낮은 낮에게 말하고 밤은 밤에게 그 비밀을 전하니
언어가 없고 말하는 소리도 없고 들리는 소리도 없으나
그 소리들은 온 땅에 퍼지고 세상 끝까지 이르네

신방을 나오는 신랑같이
씩씩한 장사같이
하늘 이 끝에서 저 끝까지 건너가는 해야,
그 열기에서 피할 자가 누구랴
주의 말씀이 이와 같을 것이니

여호와의 율법은 완전하여 나를 온전케 하고
여호와의 증거는 확실하여 나를 지혜롭게 하네
여호와의 교훈은 정직하여 나의 마음을 기쁘게 하고
여호와의 계명은 순결하여 내 눈이 밝아지네
여호와를 경외하는 도는 정결하여 영원까지 이르고
여호와의 법은 진실하여 의로우니

주님이 하늘에 말씀의 장막을 치셨구나
주의 말씀을 정금보다 더 사모하겠네
송이꿀보다 달콤한 주의 말씀이
내 마음에 쏟아져 내릴 것이네

내 입의 말과 마음의 묵상이
주님 앞에 열납 되기를 원하네

시편 20
출전(出戰)

누가 누구를 믿는다는 말인가
우리는 주님의 이름으로 깃발을 들고 나갈 것이다
어떤 사람은 병거를, 어떤 사람은 말을 의지하나
우리는 주님의 이름만을 자랑할 것이다
저들은 비틀거리며 엎드러지나
우리는 일어나 바로 설 것이다
하나님이 누구신가?
우리의 모든 예배를 받아주시고
우리의 모든 계획을 이루어 주신 분이다
우리의 모든 기도를 들어주신 그분을 높여드리자
우리는 승리의 개가를 부를 것이다

시편 21

개선의 노래

주가 승리하셨네
놀라워라 주의 힘, 주의 구원
주가 내 마음의 소원을 들어주셨네
주의 아름다운 복이여,
내게 순금 관을 씌워주시고 존귀와 위엄의 옷을 입혀주시네
오, 나는 기쁘고 즐겁기만 하네
여호와를 의지하면 조금도 흔들리는 법이 없네
나의 손으로 모든 원수를 찾아내게 하시다니
여호와께서 한번 진노하니
원수들이 불로 소멸되는 것 보라
주님이 저들의 음모를 끊으시네
난 원수들의 얼굴을 향해 활시위를 당기네
주가 승리하셨네
놀라워라 주의 능력
난 주의 권능을 노래하네

시편 22

십자가의 노래

1

하나님, 왜 나를 버리셨나요?

왜 나를 멀리하시는지……
들리지 않으신가요 나의 신음 소리가
밤낮으로 불러도 대답이 없으시군요
찬송 중에 임하시는 주여, 주는 거룩하십니다
주는 열조들의 기도 소리를 들으셨어요
그들을 수치에서 건져주셨듯이
나를 이대로 두시진 않으시겠지요
나는 벌레요 사람이 아니에요 날 조롱하고 있는 저들 보세요
누가 너를 구원하나 보자 너의 하나님께 부탁해 보지 그래
입술을 삐죽거리고 머리를 흔들고 있어요
물같이 쏟아지는 나의 몸이여,
뼈는 다 어그러지고 마음은 밀납처럼 녹아내렸구나
혀가 입천장에 붙고 남은 힘마저 질그릇 조각같이 말라버렸구나
아, 하나님은 나를 사망의 자리에 두셨군요

내 뼈가 드러나고 있어요
개들이 나를 에워싸고 저들이 수족을 찌르고 있어요
내 겉옷을 나누고 속옷을 제비 뽑는군요

하나님, 나를 멀리하지 마세요
어서 내 생명을 구해주세요

2

여호와를 두려워하는 너희여, 그를 찬송하라
형제에게 주의 이름을 선포하라
여호와께 모든 영광을 돌려드려라
너희 모든 자손들이여 주를 경외하라
그는 고통을 외면하는 분이 아니다
그가 들으신다
모든 백성들이 그를 경배하게 될 것이다
가난한 사람이 배부를 것이며

여호와를 찾는 자
여호와께 돌아오는 자
땅 끝 모든 족속들이 주 앞에 예배할 것이다
그가 모든 나라를 영원토록 다스릴 것이다
사망의 자리로 내려가는 자들도 그를 경배할 것이다
장차 이루어질 나라들 그리고 후손 대대로
주의 말씀을 전할 것이다

주가 다 이루셨다!

시편 23
내 잔이 넘치네

주님은 나의 목자! 내게 부족함이 없네
그가 나를 푸른 풀밭에 눕게 하시고 쉴 만한 물가를 찾아주시네
내 영혼을 회복시키시고 바른길로 인도하시네

주님이 나와 함께하시고
주님의 지팡이와 막대기가 나를 지켜주시니
나는 죽음의 골짜기를 걸어도 두렵지 않네

그가 나를 원수들이 보는 앞에서 상을 차려주시네
그가 내 머리에 기름을 부어주시니
내 잔이 넘치네
내 잔이 넘치네

내가 사는 날까지
주님의 선하심과 변하지 않는 사랑이 나를 따를 것이니
나는 주님의 집에서 영원히 살겠네

시편 24

임재

문들아, 너희 머리를 들어라
영광의 왕이 들어가신다

영광의 왕이 누구시냐
강하고 능하신 주, 전쟁에 능하신 주이시다
만군의 하나님이 영광의 왕이시다

누가 주의 산에 오를 수 있으며
누가 그 거룩한 곳에 들어설 수 있을까?
죄 없는 손과 깨끗한 마음을 가진 사람
헛된 것에 뜻을 두지 않고 거짓 맹세를 하지 않는 사람
하나님을 찾는 세대에 속하며
하나님의 얼굴을 구하는 사람이다

문들아, 너희 머리를 들어라
영원한 문들아, 영광의 왕이 들어가신다

땅과 그 안에 있는 모든 것이 왕의 것

세상과 거기 사는 모든 사람이 왕의 것
그는 바다 위에 땅을 세우신 분
그는 강 위에 세상을 펼치신 분

시편 25
주를 바라볼 수 있다면

하나님을 바라보는 자 누구냐
그가 택할 길을 보게 될 것이다
그의 영혼은 평안하며 그의 자손은 땅을 상속할 것이다
주의 친밀하심이 주를 바라보는 자에게 있음이여
그가 주의 언약을 보게 될 것이다
그의 발이 그물에서 벗어나게 될 것이다

나의 하나님이여!

날마다 하나님을 우러러보는 자, 그대의 영혼에게
주의 긍휼하심과 인자하심이 함께할 것이다
끝까지 주를 바라보고 기다릴 수 있다면
그는 구원의 하나님을 볼 것이다
그는 부끄러움을 당하지 않을 것이다

누가 그 앞에서 승리의 개가를 부를 수 있을까
그대의 영혼이
주를 바라볼 수 있다면

시편 26
그 사랑 때문에

한결같은 주의 사랑 때문에
주의 진리를 따라 정직하게 살 수밖에 없네
나의 믿음이 흔들리지 않도록 간구하네
주가 나를 살피시고 시험해보시길
나의 뜻과 양심을 단련시켜주시길

한결같은 그 사랑 때문에
난 악인의 자리에 앉지 않고 헛된 것을 찾지 않네
주의 제단을 두루 다니며
감사의 노래를 소리 높여 부르네
주의 놀라우신 모든 일을 전하네

그 사랑 때문에 주님이 계신 집을 내가 사랑하네
주의 영광이 머무는 곳을 내가 사랑하네

그 사랑 때문에
내가 주님께 용서와 은혜를 구하네
내가 예배하는 곳에서 주님을 찬양하네

시편 27

내 얼굴을 찾으라

그러니까 내가 얼마나 두려웠겠어요 악의 무리들이 나를 대적하여 진을 치며 내 살을 먹으려고 달려드는데 위증자들과 악을 토하는 자들이 나를 치려 하는데…… 난 홀로 있을 뿐이었어요 나를 도왔던 자들이 모두 내 곁을 떠나가고 부모조차 나를 보호하지 못하는 상황에서 난 두려움에 떨며 죽음을 생각했지요 내 입에서 탄식이 나왔어요 그때 어디선가 '내 얼굴을 찾으라'는 음성이 들렸어요 그런데 그게 믿기지 않았어요 그 얼굴이 숨는 것만 같은 절벽의 느낌이었으니까요 나도 모르게 "얼굴을 보여주세요"라는 절규가 나왔어요 "내가 원하는 것은 한 가지, 평생토록 당신의 집에 살면서 당신의 아름다움을 바라보며 당신을 사랑하는 것입니다 당신이 누구십니까 나의 빛 나의 구원 내 생명을 좌우하는 힘이 아니십니까" 이렇게 고백하는 순간 내가 서 있는 땅에서 그분의 얼굴을 보게 되리라는 확신이 들었어요 그분의 선한 모습, 환난 날에 초막 속에 은밀히 나를 지키며 내 머리를 원수 위에 들어주시는 모습, 난 평안을 찾기 시작했어요 그분을 노래할 수 있었지요 하나님이 하나님 됨을 인정하고 선포하자 원수들이 하나씩 넘어졌어요 나를 치려는 저들 앞에 난 태연하게 있었지요 그래요 그분의 얼굴을 보리라는 믿음이 있다면 기다릴 수 있어요 혼자라는 생각을 버리세요 단지 벼랑 끝에서 한 번의 용기가 필요해요 그분의 얼굴을 찾으세요 간절하면 돼요 강하고 담대하게

시편 28

내 마음만은

주여, 저들에게 나의 모든 것을 빼앗길지라도
내 마음만은 지키겠습니다
저들을 미워하다가 저들의 표정을 닮고
저들을 비판하다가 내 마음에 멍이 남을까 두려워
내 마음이 주를 향할 뿐입니다
내 마음이 크게 기뻐하며 내 노래로 주님을 찬송합니다
그러나 돌아오는 게 주의 침묵뿐이라면
내가 무덤에 내려가는 자와 같을 것이니
내 마음의 소리에 귀를 열어주셔야 합니다
나의 힘이요 방패이신 주여,
내 마음을 저들에게 빼앗기지 않기 위해
지성소를 향해 손을 들어 간구합니다

시편 29

화답

영광! 영광!!
하나님의 소리가 들린다
천사들이 예배하는 것같이 번개가 영광
땅을 진동케 하는 천둥이 영광

하나님의 소리가 물 위에 있구나
하나님의 소리가 화염을 가르는구나
나무들이 꺾이어지며
나무들이 들송아지처럼 뛰어다니는구나
모든 것들이 영광 영광 외치는구나

백성들에게 힘을 주시려고
백성들에게 평강의 복을 주시려고
하나님이 저 많은 물 위에 임하셨구나

힘이 있다고 생각하는 사람들아
영광과 능력을 하나님께 돌려드려라
하나님께만 그의 이름에 합당한 영광을 돌리고

거룩한 옷을 입고 하나님께 예배하여라

영광! 영광!!

시편 30

진노는 잠깐, 은혜는 평생

    진노는 두렵고 얼마나 길게만 느껴지는지 그러나 그게 죄 때문이란 걸 잊곤 해 우린 이제야 알게 되었어 그게 무덤으로 내려가는 나를 끌어내려는 그분의 마음이란 걸 결국 진노가 은혜였던 거야 내가 무슨 죄를 지었냐고? 처음엔 나도 그랬어 내 형편이 나아졌을 때 나도 그만 내 마음에서 그분을 잊었던 거야 "난 영원히 흔들리지 않을 것이다"고 교만을 떨었지 내가 모든 일을 이뤄낸 것처럼 말이야 그걸 하나님이 보셨던 게지 나와 관계의 부재를 염려하셨어 그분은 그리하여 속절없이 무덤으로 가고 있는 것도 모르는 나를 사랑의 눈으로 보신 게지 사람들은 죄 무서운 줄 몰라 죄짓고도 아무 일 없으니까 먹고살 만하면 그분을 마음에서 지우곤 해 그런데 알아 진노가 없으면 더 무서운 일 아닐까 사실 그분의 진노는 사랑 때문이거든 진노가 없으면 그분과 상관없는 사람이야 결국 완전히 망하는 거고 영원히 감사할 일이야 진노는 길지 않아, 은혜는 평생이고 아, 하나님의 은혜가 이리 좋을 줄이야 슬픔이 변하여 춤이 되게 하시니 어찌 가만있을 수 있겠어 저녁에 울음이 깃들어도 아침에 기쁨이 찾아올 것이니

시편 31

어떻게 기뻐할 수 있을까?

그대가 근심 중에 눈과 영혼과 몸이 쇠하여졌을 때
그대의 햇수가 탄식 속에서 흘러가고
근력이 마르고 뼈가 녹아버렸을 때
이웃마저 그대를 미워하여 투명인간처럼 되었을 때
그대가 죽은 사람으로 잊히고 깨진 그릇처럼 되었을 때
사방이 그대를 두렵게 하는 소리로 가득해질 때

그러함에도 기뻐할 수 있는 이유,
주는 영혼의 아픔을 아시는 하나님
그분의 손에 그대의 영혼을 부탁할 수 있는
주의 그 한결같은 사랑 때문에

주를 경외하는 자에게 쌓아두신 은혜는 어찌 그리 클까
그대의 간구를 들어주시는 주님이
헐뜯는 것과 말다툼으로부터 피하게 하실 것이니
주의 얼굴이 그대를 비출 것이니

주를 믿는 사람아

그대는 주를 사랑하라
주를 기다리는 사람아
그대는 용기를 내어라

시편 32

어떻게 하면 길이 보일까?

어떻게 하면 살 길이 있을까요?
온종일 신음으로 뼈가 쇠하여졌다면
온몸이 가뭄에 말라버린 것같이 되었다면
그대는 입을 여는 것입니다
주님 내 허물을 고백합니다, 하고 용서를 구하는 것입니다
마음에 죄를 품고 있으면 길이 보이지 않습니다
죄 때문에 눈이 멀고 귀가 막히기 때문입니다
고백하는 것이 살 길입니다
육신대로 살면 죽는 길뿐입니다
재갈과 굴레를 씌워야 제어되는 노새나 말이 되지 맙시다

정말 살 길을 찾고 싶은가요?
그대가 어느 편에 있는지 자신에게 먼저 물어야 합니다
하늘이 열려야 길이 보이기 때문입니다
죄를 깨달았으면 주께 기도하십시오
주님과의 관계를 회복하십시오
그러면 비록 고난이 홍수처럼 밀려와도
그대에게 미치지 못할 것입니다

복이 있도다
허물의 사함을 받고 자신의 죄가 가려진 사람은

시편 33
기다림

하나님을 기다릴 줄 모른다면
그건 하나님을 알지 못하기 때문입니다
기다림이 없으면 깊이가 없습니다
말씀으로 하늘을 짓고 입김으로 별을 만드신 그분을
바닷물 같은 깊은 물을 모아 곳간에 두시는 그분을
어찌 알 수 있을까요 기다림 없이
한결같은 주의 사랑을 느낄 수 있을까요
대대로 끊어질 수 없는 주의 생각을 알 수 있을까요
주를 알면 기다립니다
조급한 마음은 그분이 행하시는 진실에 비껴갑니다

기다리며 찬양합니다
기다리며 감사합니다
기다리며 즐거워합니다

그 한결같은 사랑 때문에
새 노래로 그분을 노래하며 아름답게 연주합니다
우릴 만드시고 모든 인생을 굽어보시는 그분을

우리의 영혼을 사망에서 건져주시는 그분을
믿고 노래하며 기다립니다

하나님의 기업으로 선택받은 사람아
그대의 영혼이 여호와를 바람이여!

시편 34
선의 결핍

그대 생존의 비결은 선의 결핍
악한 말을 금하고 거짓말을 하지 않는 것이다
선을 악으로 갚지 않고 생명을 사랑하고 선을 택하는 것이다
화평을 찾기 위해 있는 힘을 다하는 그대는
여호와의 선하심을 맛보아 알게 될 것이다
젊은 사자가 궁핍하여 주릴지라도
여호와를 찾는 그대에겐 부족함이 없을 것이다
복되게 살려면 그래야만 한다
그대가 먼저 여호와를 경외하고
자녀에게 여호와를 경외하는 법을 가르쳐야 한다
고난은 누가 해결해줄 것인가
여호와를 피난처로 삼아야 하는 이유에 관해
경험으로 말할 수 있어야 한다
오직 생존의 비결은 선의 결핍
그대 영혼에 두려움이 사라지고
얼굴은 부끄러움 대신 광채를 낼 것이다
그대 복 받기를 원하는 사람아
여호와의 선하심을 항상 노래하고 자랑해야 한다

시편 35

일용할 버킷리스트

직접 싸우지 않고 주께 맡기기
삽바를 내려놓기
환경에 일희일비하지 않기
나는 나/하나님은 하나님, 바로 알기
무릇 어떤 일에도 화평을 말하기
감사로 분위기 역전시키기
뼈까지 통째로 즐거워하기
내 기도가 내 품으로 돌아왔을 때, 다시 기도하기
영혼의 외로움을 자양분으로 믿음의 새싹 내밀기
종일토록 찬송하는 혀 만들기

시편 36

두 가지 자화상

사람아, 너의 입술은 하나님을 인정하지 않는구나 너의 눈에 너밖에 없구나 스스로 신이 되어 얼굴이 얼굴에게 아첨하고 있구나 하나님을 떠나 변덕스러운 자기만을 사랑하다가 지혜와 선행은 그치고 침상에서 죄악만을 묵상하는구나 그리하여 악을 거절할 수 없는 사람아 너의 사람아, 한결같은 사랑을 아느냐 주의 한결같은 사랑이 얼마나 보배로운지를 그의 신실하심이 공중에 사무치고 그의 의는 변함없어 요동치지 않는데 네가 그걸 알 까닭이 무엇이냐 하나님을 두려워하지 않는 너의 사람아, 봐라 나는 오늘도 주의 날개 그늘 아래 있을 것이다 주의 집에서 주의 사람으로 나는 복락의 강물을 마실 것이다 하나님을 인정하면 눈에 빛이 보이는 법 자꾸만 넘어져 다시 일어나지 못하는 너의 사람아 빛과 빛이 만나는 것 봐봐 나처럼 너는 너에게서 떠나 생명의 원천이 어디에 있는지 찾아보길

시편 37
온유

악한 사람이 잘된다고 불평하지 않습니다
불의한 사람이 잘산다고 시기하지 않습니다
오히려 온유는 주장하는 것을 부끄러워합니다
하나님이 지나가기만 해도 저들은
풀처럼 시들고 푸성귀처럼 사그라지기 때문입니다

온유는 주님을 의지하고 선한 일을 하게 합니다
온유는 주님에게서 기쁨을 찾게 합니다
온유는 주님께 자신의 길을 맡기게 합니다
온유는 주님 앞에 잠잠하고 참고 기다리게 합니다

잠시 후 악한 사람의 미래는 끊어지고
저들의 자취를 찾아봐도 흔적조차 없을 것입니다
온유는 분을 그치게 하고 노를 버리게 합니다
주님이 해결하실 것을 믿습니다, 주님을 의지하면
그대의 의를 빛과 같이
그대의 공의를 정오의 빛과 같이 하시기 때문입니다

온유는 부드럽고 겸손하여
기다리게 하는 힘이 있습니다
주님을 기다리는 사람은 최후의 승리를 얻게 됩니다
주님을 기다리는 사람은 땅을 차지하고
크게 기뻐하고 평화를 누립니다

시편 38
부끄러움을 기념하다

죄로 인해
고통, 슬픔, 불안……

주의 화살이 날 찌르고
주의 손이 날 누르시니
내 영혼은 어두워지고
낮은 자리로 내려갈 수밖에
기력은 쇠하고 눈의 빛이 나를 떠나고
사랑하는 사람들이 나를 멀리하는 날은 오고
난 입이 있어도 반박할 말이 없는 사람이 되었습니다
내 영혼이 주만 바라볼 수밖에

나의 죄를 고백하겠습니다
부끄럽지 않게
부끄러움을 드러내어 이날을 기념하겠습니다
더는 내 영혼이 죄에 묶이지 않도록
죄가 싫어지는 축복의 날이 되도록
나의 부끄러움을 기념하겠습니다

시편 39

첫사랑

입에 재갈을 물려
침묵해야 하는 거, 아무런 말도 할 수 없고
좋은 말조차 꺼내지 못한다는 거
내가 그래야만 한다면

그것만큼 고통을 키우는 일이 있을까?
꾹꾹, 가슴을 눌러놓는다는 거
괴로움은 커져가고 결국 탄식이 터질 수밖에

내가 죽을 날이 얼마나 남았는지요? 인생은 한 오라기 그림자일 뿐 재물을 쌓아서 뭣하며 그것 또한 누가 거두어갈지 모르는데 내가 무엇을 바라겠어요

주님, 내게 눈길 한번 주세요 그 눈길

간절하면 그런 거라고, 생각해보는 거야
내가 정말 그래야만 한다면
잃어버리는 게 무얼까?

속 시원히 할 말 못하고 살면 미치도록 답답할까?

꼭 그러진 않을 거야
때론 옳은 말이라도 하지 않는 게 복이 된다는 거
사실 잃어버리기 쉬운 게 첫사랑이라는 거
허무한 삶에서 간직해온
주님과의 첫사랑,

희망은 그것뿐이라는 거

시편 40

귀와 귀

기다리고 또 기다렸더니
귀를 기울이시는 하나님,
깊은 수렁에 있는 날 끌어올리시고
나의 발걸음을 꿋꿋하게 하시는구나
기다리고 또 기다렸더니
귀와 귀가 만나게 되는 거구나
하나님은 내 이야기를
나는 하나님의 이야기를
듣는 것, 그리하여 귀에는 새 노래,
주님이 원하시는 찬양을 알려주시는구나
어느 누구도 견줄 수 없는 그분의 기적
나를 향한 그분의 생각
숫자나 말로 담아낼 수 있을까
어떤 제사보다 귀를 원하시는 주님
깊은 수렁에서 내가 그분의 긍휼을
기다리고 또 기다렸더니
주님은 새 노래를 들려주시는구나

시편 41

수식도 가식도 없이

주여,

내게 은혜를 내려주세요
내가 범죄 하였으니 나를 고쳐주세요

주만 바라보겠습니다
언제나 죽어 내 이름이 없어질까
몹쓸 병이 들었다고 다시 일어나지 못할 거라고
저들이 빈말을 늘어놓고
뒤돌아 저주하며 내게 발꿈치를 들지라도

주여, 주의 이름을 부르겠습니다
수식도 가식도 없이
주의 이름을 부를 때
주께서 날 기뻐하시는 줄 내가 알게 해주세요

사람에게 은혜를 구하지 않겠습니다
주를 바라보는 것으로 충분하니까요

제
2
권

나의 영혼이 잠잠히 하나님만 바람이여(시62:1)

시편 42&43

내 영혼아 1

사슴이 마른 냇가의 바닥을 핥듯
하나님의 얼굴을 구하는 내 영혼아
지금 하나님은 어디 계실까?
보이지 않는 하나님으로
밤낮 흘러내리는 눈물이 음식이 되었구나

그러나 내 영혼아, 어찌하여 그렇게 낙심하는가?
어찌하여 그렇게 슬퍼하는가?

기억하자!
하나님이 나와 동행하시던 일을
예배를 드리러 올라가는 무리들과
기쁨과 감사의 노래를 올려드리던 일을
그리고 물이 콸콸 흐르던 요단강과 헤르몬산과 마살산에서
깊음이 깊음을 부르며
주님의 파도가 휩쓸고 지나가던 때를

그러므로 내 영혼아, 어찌하여 그렇게 낙심하는가?

어찌하여 그렇게 슬퍼하는가?

기도하자!
주님이 다시 내게 빛과 진리를 주시어
그분이 계시는 거룩한 산에 이르게 하도록
그런즉 그곳에서 하나님을 만나 뵐 수 있기를
오, 이 영혼의 갈망이 큰 기쁨인 하나님으로 채워지기를

내 영혼아, 어찌하여 그렇게 낙심하는가?
어찌하여 그렇게 슬퍼하는가?
너는 하나님을 기다리라

시편 44

나의 마지막 눈길은 어디에

나는 내 활을 믿지 않고
오직 주의 사랑에 의지하여 산다 했는데
내가 잡아먹힐 양처럼 넘겨지게 되었을 때
비방하고 욕하는 소리에도
내가 주를 사랑하며 주의 말씀을 지켰는데
승냥이 소굴로 밀려가 내게 사망의 그늘이 드리워질 때
내 눈길은 어디에 닿아 있을까
끝까지 하나님의 이름을 자랑할 수 있을까
하나님의 이름에 영원히 감사하기 위해
내게 주어진 길 위에 꿋꿋이 서 있을 수 있을까
그렇게 마지막이 되었을 때
내 마음의 비밀까지 들여다보시던 주님 앞에
한 번도 잊은 적 없는 이름을 여전히 부르고 있을까
살려 달라는 눈물을
다 쏟아내고도 부끄럽게 벗겨진 몸으로
내 눈길은 어디에 닿아 있을까
어찌하여 날 버리시나요, 주가 하신 것처럼
그리고 용서를 부탁하며

이것이 그 한결같은 사랑 때문이라고 증명할 수 있을까
그때 해가 떨어지고 있다면
난 어떤 생각을 하며 바라보고 있을까
눈을 뜨고 있을까

시편 45

왕은 하나

하나님의 나라를 안다면
그 나라를 다스리는 왕도 알아야 하네
그대에게 왕의 존재는 누구인가
그대는 왕의 통치하에 있는 것인가
대답할 수 있어야 하네
글솜씨 뛰어난 서기관의 붓끝 같은 혀로
찬미하듯 왕을 말할 수 있어야 하네

아름다워라 은혜를 입술에 머금은 왕이여
하나님이 왕에게 영원한 복을 주셨구나

그대는 하나님의 나라를 먼저 생각하는가?
하나님의 나라가 임한다면
그 나라가 낯설지는 않을지
그 나라의 언어에 익숙할지
지금도 염려하는가? 그대는 아직
살던 나라를 잊지 못하는 것이네

대가를 지불해야 하네 하나님의 나라를 가지려면
그대의 먹음직하고 보암직한 나라
그대가 왕 노릇 하는 나라를 떠나야 하네

하나님의 나라
눈뜨려면

하나님의 나라를 회복하기 위해 오신 왕,
그분을 만나야 하네 왕후처럼
신부가 되어 자신의 나라를 잊어야 하네
그대의 주인인 왕을 따라야 하네

왕은 하나뿐

시편 46
피난처 2

하나님이 성 안에 계시니
그 성이 흔들리지 않는 거지

강 하나가
하나님이 계신 곳을
잔잔히 나뉘어 흘러가는 거지

하나님이 소리 한번 내시면
땅 끝까지 전쟁이 그치게 되지
주는 나의 손을 가만히 있게 하시고

주가 하나님 됨을 알게 하시려는 거지
주는 이 땅에서 가장 높임을 받아야 할 분

하나님이 내 안에 계시니
내가 흔들리지 않는 거지

시편 47

박수를 치고 소리를 질러

거룩한 보좌 우리의 왕께
박수를 치고 소리를 질러
주를 바라봐, 사랑의 눈빛을 마주쳐봐
울려 퍼져라 모든 함성아
크게 울려라 나팔 소리야
시를 지어 찬양해, 왕이신 주를 찬양해
사랑의 시를 지어 찬양해
주는 사랑의 왕
주는 온 땅의 왕
박수를 치고 소리를 질러
호산나 호산나

시편 48

하나님이 계신 곳

하나님이 계신 곳이 하나님의 성, 거룩한 산
터가 높고 아름다워 온 누리가 즐거워하는 곳
하나님이 계신 곳에서 하나님이
찬양을 받으시네
하나님이 계신 곳을 보고 적들은
넋 잃고 두려워 도망치네 저들이 떨며
고통하는 것이 해산하는 여인 같고
동풍에 파산되는 다시스의 배와 같네
하나님의 성, 거룩한 산
하나님이 계신 곳을 돌며 나는 망대를 세어보네
성벽을 만져보고 하나님이 계신 궁전을 살펴보고
후대에 전해줄 이야기를 생각하네
하나님이 계신 곳에서
하나님의 한결같은 사랑을 보네
하나님은 영원토록 하나님
내 마음에도 계시는 하나님

시편 49

연습하라 죽음

재물을 믿고 부요함을 자랑하며 사는구나
치부하여 영원히 살 것처럼
자기 이름의 집이 영원한 집인 것처럼

스스로 자신을 구원하겠다고 지혜를 내세우는구나
죽어도 가져가는 게 없고
스스로의 영광이 마지막까지 따라가지 못하는데

어리석은 자의 길이여, 헛된 죽음이여
아름다움도 끝이 나고
모든 것이 헛되다

어떻게 죽음을 맞이할 것인가
"나는 이미 죽었습니다" 고백하는 것부터 하라

살기 위한 죽음
살리기 위한 죽음

십자가에 날마다 죽고 또 죽는 것
영원히 살기 위해

모든 것이 존귀하나 깨닫지 못한 자의 안타까움이여
연습하라 죽음

시편 50

마음을 드러내어

하나님을 잊어버린 사람아,
하나님을 믿는다면서 하나님을 바라보지 않는가
몸과 마음이 멀리 떨어져 있구나
제물을 바치되 마음을 드리지 않는구나
마음에서 감사는 사라지고
자신도 모르는 것들이 마음에 들어가 있다니

해 돋는 데서부터 해 지는 데까지
하나님은 세상을 부르신 분, 빛을 비추시면
드러나지 않는 게 없다, 하나님이 임하실 때
그 앞에 삼키는 불이 있고 광풍이 따라올 것이다
세상의 모든 짐승과 새들이 모두 그분의 것

하나님은 감사의 제사를 원하신다
하나님을 잊어버린 사람아
무엇으로 하나님을 영화롭게 할 것인가
마음을 드러내어 하나님을 바라보라
하나님은 너의 하나님이시다

시편 51

헤쎄드*

주의 긍휼을 원하는가?
보아라, 너의 중심을 움직여라, 진실로
죽음 아니면
뼛속까지 그분께
용서를 구하고 눈보다 하얗게 되길 구하여라
정직한 영으로 돌아갈 것을 구하여라
너에게서 성령이 거두어지는 걸 두려워한다면
부끄러운 입술을 열어 다시 찬양하겠다면
너의 꺾어진 뼈들로 다시 춤추겠다면
그분이 원하시는 게 뭔지 먼저 물어보라
혀에 앞서
손발에 앞서
번제 대신 너의 찢긴 마음을 올려놓아라

---

*한결같이 용서하시는 사랑.

시편 52

주가 하셨다

거짓을 사랑하고 간사한 혀를 가진 사람아 혀가 날카로운 삭도 같구나 자기 재물만 의지하는 너희는 악으로 쌓은 장막이 든든하다 말하는구나 하나님을 자기 힘으로 삼지 않는 너희는 네 장막에서 붙잡혀 끌려나오고 살아 있는 땅에서 뽑혀 나오는 풀이 될 것이다 하나님의 한결같은 사랑을 의지하는 사람은 하나님의 집에 있는 푸른 올리브나무와 같다 오늘도 푸르고 내일도 푸르다 이를 증거 하는 사람들이 영원히 주께 감사하고 선하신 주의 이름을 사모할 것이다

주가 하셨다!

시편 53

무신론자에게 2

"하나님이 있다"라는 사실이 두려웠겠지요 보이지 않으니 하나님이 없다고 하는 당신, 그렇게 말하는 건 자유지만 그게 당신의 갈등입니다 가장 가치 있는 것은 보이지 않는 세계에 있기 때문입니다 그걸 당신은 잘 알고 있습니다 당신은 하나님이 없다고 할수록 당신은 당신 안에 숨고 갈등은 깊어집니다 어리석은 당신은 하나님 믿는 사람을 당신의 논리에 끌어들입니다 부패하고 가증해진 당신이 선한 그들을 핍박하며 하나님을 부정합니다 그러나 여전히 하나님이 없다고 말하고 싶은 당신은 반드시 직면하는 일이 있습니다 두려움이 없는 곳에서 두려워하는 것입니다 하나님을 인정하지 않으려고 버티고 있던 당신의 뼈들이 흩어질 때입니다 누구에 의해 일어나는 일인지도 모른 채 죽음을 생의 마지막이라 여기는 당신에게는 당연한 일입니다 이 두려움은 전의 어떠한 경험보다 강력합니다 제 그림자에게도 놀랄 정도입니다 죽음을 또 하나의 시작임을 믿는 이들의 의연한 모습에 스스로 수치를 당할 것입니다

    자신을 구원할 수 없는 당신, 두려울 수밖에요
    마지막 기회는 있지요, 영원한 죽음의 강을 넘어가려면
    하나님의 손을 잡아야 합니다

시편 54

믿는 것이 아닌 믿어지는 것

먼저 부끄러움 없이
하나님을 자기 앞에 두고 바라보기를 쉬지 않을 때
문득 주를 보는 눈이 뜨이길
기다리고
포기하지 않을 때, 어떤 고난에서도
하나님의 방법으로 해결하려는 숱한 경험들
켜켜이 온몸에 쌓여갈 때
두려워하기보다는
감사로 반응할 수밖에

시편 55

출구 없는 방

새처럼 날개가 있다면 날아가고 싶습니다
피난처로 가서 두려움을 떨쳐버리고 싶습니다
저녁과 아침과 정오마다
탄식이 마음의 벽을 때릴 때
주여, 할 수 있거든 광야로 가게 해주십시오
거기서 별을 헤아리는 마음으로
하나님을 기다리겠습니다
배신으로 파생한 아픈 말들
입은 우유기름보다 미끄러우나
지금은 전쟁 같은 마음과 칼 같은 말들
모두 내려놓고
하나님의 음성을 듣겠습니다

시편 56
의지하게 되면 그만큼

아이가 배고플 때 엄마를 부르듯
부끄러움도 모르고 찾게 되는 것
멀리 상수리나무에 비둘기처럼 앉아
투명 유리병에 눈물을 담으며 한 곳만 바라보게 되는 것
지팡이처럼 한 몸이 되어
내 의지와 상관없이 같이 가는 것
내 목숨을 엿보는 자들 앞에 미친 척해야 할 만큼
숨을 곳 없는 그런 날, 사람들이 내게 어찌할까
더는 두려워하지 않아
입술에 찬송이 붙어 있게 되는 것
기적을 바라기보다 감사가 먼저 나오는 것
그만큼, 눈이 열렸다는 것
저 놀라운 밀착, 은혜의 관계

시편 57

어떤 상황에서도

주여, 내 마음을 결정합니다
어떤 상황에서도 내가 노래하기로 결정합니다
주의 영광이 온 땅에 가득하기를

아무것도 할 수 없다는 생각을 깨고
감사하며 주님을 노래하겠습니다
내 영혼을 깨워 새벽을 맞이하겠습니다

오, 내게 임할 주의 한결같은 사랑이여, 진리여
주가 하늘 위에 높이 들리시기를
주의 영광이 온 세계 위에 높아지기를

주여, 내 마음을 결정합니다
어떤 상황에서도
주의 날개 그늘 아래에 들어가 노래하겠습니다

시편 58
달팽이집

    귀를 틀어막은 독사들이 우글거렸다 술사의 피리 소리는 내려앉을 곳 없이 떠돌아 다녔다
    통치하던 사자는 턱뼈가 부러진 채 찬 바닥에 잠잠히 누워 있고, 이따금 사자가 내뱉는 소리는 화살을 닮았고 허공에 닿아 뚝뚝 끊어졌다
    모태에서부터 멀어진 말과 나면서부터 곁길로 빠진 말들이 가시덤불을 만들었다

    해질 무렵,
    달팽이는 집으로 돌아가지 못하고 있었다 대문을 활짝 열어놓은 자기 집을 등에 지고, 흐르는 물이 증발하듯 느릿느릿 사라지고 있었다
    건조한 바람이 가시덤불을 흔들고 있었다

시편 59

싸우지 않는 배틀

입술에 거품을 물고
혹은 칼을 물고 밤새우는 사람들
잠시 소란하군요
대적들이 아무리 개처럼 울어대도
하나님의 사람은 주를 바라봅니다
하나님의 사람은 주의 힘을 노래합니다
새벽이 열릴 때까지
주의 한결같은 사랑을 노래합니다
하나님의 사람은 하나님의 나라를 가진 사람들
그들은 하나님의 영광을 본 사람입니다 그 영광에
각인되어 하나님의 사람은 그 영광만을 드러냅니다
개 짖는 소리에 영광, 영광, 영광으로 반응합니다
온갖 저주와 거짓말로 배고픈 개가 되어 달려드는 사람들
조금 소란하군요
하나님의 사람은 두려워하지 않습니다
하나님의 사람은 하나님을 두려워합니다
한결같이 반응하시는 하나님을
노래합니다 기다립니다

시편 60

자신에게 절망한 사람에게

이 땅에 내버려져 흩어진 존재가 된 것처럼
자신에게 절망한 사람아, 이제 그대에게
기회가 올 것이다 주님이 오른손을 내밀 것이니
다만 무너진 것에 부끄러워 말고
주님이 그대의 왕이 되어주시길 고백하라
그분이 응답하실 것이다
그대가 만난 수많은 사람들 중에
그대의 가슴을 뛰게 한 사람이 있었는가
그대는 그대의 주인이 누구였는지 답해야 한다
주인을 바꿔라
정말 그대를 바꿀 수 있는 혁명가를 만나야 한다
오직 주님만이 그대의
가슴에 깃발을 꽂으실 것이다
그대의 갈라지고 깨어진 틈을 메워주실 것이다
자신을 의지하여 스스로 할 수 있다는 생각
못 박으라, 다시 무너지지 않으려면
왕이신 주님의 계획을 따르라
일어설 수 있다

시편 61

그 길밖에 없습니다

그대 삶이 벼랑 끝이라면
그대는 누구를 경배했는지 돌아봐야 합니다
선택은 하나, 부르짖는 일입니다
그대 힘으로 오를 수 없는 바위 위로 인도해주시길
주께 간구하는 것입니다
그분은 언제나 준비되어 있습니다
그대 마음이 무너질 때
주는 나의 피난처, 주는 나의 견고한 망대
내가 영원히 주의 장막에 머물기를
주의 날개 아래로 피할 수 있기를
주의 한결같은 사랑이여
주의 진리여
주저하지 말고 일어나 찬양해야 합니다
그 길밖에 없습니다

시편 62
잠잠히

나의 영혼아, 하나님만 바라보라
나뭇잎이 아침 햇살을 기다리는 것같이

나의 희망이 그에게서 나올 것이다

나의 영혼아, 잠잠하라
하나님 앞에 나의 모든 것이 드러나도록

흔들리지 말고 하나님만 바라보라
풀벌레가 작은 소리로 마음을 모으는 것같이

잠잠히

시편 63
갈급

어디에 있든지
무얼 하든지
하나님을 만나야겠다는 생각,

지나치도록
매달리게 하는
내겐 강력한 무기, 이 목마름은
어디에서 오는 것일까

주의 권능과 영광을 보기 위하여
가까이 더 가까이
성소인 내 마음이 가득해져 주체할 방법이 없게 되는 것

그건, 내 생명보다 소중한
하나님의 한결같은 사랑 때문

탄식이 변하여 기쁘게 노래하기를
새벽부터 침상에 들기까지

하나님만 집중하게 하는

이것

시편 64

과녁

누가 우리를 보랴?
올무 놓기를 모의하고 화살 같은 독설을 던지는 사람들
하나님이 보이지 않으니 두려움이 없는

저들을 보고 두려워하지 말길
무시하길
하나님 바라보는 믿음의 눈이 열려 있다면

하나님을 즐거워하고
그분에게 피하길

정말 무서운 것은
악한 저들을 보며 닮아가는 너희 자신,
스스로 하나님이 쏘는 화살의 과녁이 되는

시편 65

가슴 깊은 곳에

모든 육체가 주께 나오는구나
피조물의 찬양은 마땅한 것이다
허물의 용서와 창조의 아름다움과 수확의 기쁨
주의 능력과 영광을 찬양하는 것은 물론
주께서 아침 되는 것과 저녁 되는 것을
즐거워하며 찬양하는 것은

놀라워라
가진 것을 모두 잃고도 찬양하는 사람들
절망에도 감사하는 사람들
세상의 무게에 눌리지 않는구나
하나님만 바라볼 수 있다니
감정이 아닌 진리가 마중물 되어
터져 나오는 찬양이
찬양이

가슴 깊은 곳에
남아 있다니

시편 66

은같이 단련하신 후에

와서, 주님이 행하신 것을 보라
주께서 하신 일을 보고 너희는 기뻐할 것이다
그 이름의 영광을 찬양하고 영화롭게 찬송할 것이다
하나님을 두려워하는 사람들아
와서 보라, 내가 증언할 것이다
주님이 나의 영혼을 위해 행하신 일을
얼마나 놀라운가
주로 인하여 온 땅이 하나님을 환호하고
주께 경배하고 주를 노래하며 주의 이름을 노래한다
하나님은 나를 시험하시되 은같이 단련하신 후에
불과 물을 통과한 내 마음을 굽어보셨다

어떤 상황에서도
악한 생각을 품지 않는 나의 마음이
그분을 움직이게 했다
하나님은 나의 기도 소리에 귀를 기울이시고
그분의 사랑을 거두시지 않으셨다

시편 67

기도의 씨앗

가슴이 뛰네, 주의 얼굴빛이 비추어지면

가슴에서 자라나는
기도의 씨앗

번져가네, 땅 끝으로

모든 열방이 주의 구원을 알도록
주를 찬송하도록

시편 68

swag

마음에 무거운 짐을 지고 사는 사람아
그대는 주를 만나야 하리
주가 통치하는 하나님의 나라에 마음의 눈을 뜨게 되면
짐이 가벼워지는 걸 알게 되리
주가 일어나 그대를 다스리시면
짓누르는 원수들은 흩어져 도망가고
그대는 주 앞에 뛰놀며 기뻐할 수 있으리
swag swag
뛰어라
즐거워하라
그분이 앞서서 광야를 행진하면
땅이 진동하고 하늘이 주 앞에 떨어지는 날이니
수고하고 무거운 짐을 진 사람아
그대는 주를 바라보아야 하리
그대 마음에 흡족한 비처럼 은혜가 내려질 것이다
날마다 그대의 짐을 지시길 원하는 그분이
그대의 힘을 명령하실 것이다
swag swag

뛰어라

즐거워하라

그분의 이름은 여호와시다

그대는 하나님께 능력을 돌려야 한다

하나님은 위엄을 성소에서 나타내시는 분

그대 마음은 성소,

하나님이 그대에게 힘과 능력을 주실 것이니

그대는 마음을 열고 하나님께 노래하고

그분의 이름을 찬양하여야 하리

시편 69

가난하고 슬퍼지는 내가

저들이 큰물처럼 내 영혼에 흘러들어 온다면
나는 찬양할 수 있을까
가난하고 슬퍼지는 내가
머리털보다 많은 저들의 깊은 수렁 속에서
설 곳 없이 목이 마르고 눈이 쇠할 때
저들이 손가락질로 내 얼굴을 뒤덮고
음식물로 쓸개를 건네주고
나의 목마름에 식초를 뿌릴 때
형제에게도 낯선 사람이 된 내가
과연 하나님의 이름을 찬송할 수 있을까
금식하며 울었지만 망신거리가 되고
저들의 하나님을 향한 모욕이 내게 떨어질 때
가난하고 슬퍼지는 내가 끝까지 하나님을 바라볼 수 있을까
감사의 노래를 올릴 수 있을까 그럴 수 있다면
뿔과 굽이 있는 황소를 드리는 것보다
하나님이 더 기뻐하실 텐데
노래하는 나의 모습을 바라보고
하나님을 찾는 사람들의 심장이 고동칠 것인데

시편 70

주여, 란 말

가난하고 궁핍해진 영혼이
구급차를 부르듯, 구원의 밧줄을 찾는
단말마적 반응

하늘의 문이 열리도록
키를 넣는

시편 71

백발의 자화상

외롭지 않으며 늙었다는 이유로
수치를 당하지 않길 기도하는 것
모태에서부터 주를 의지한 것처럼
힘이 쇠약해져도 입술에서 찬양이 떠나지 않는 것
어떤 상황에서도 주께 피하며
주께 영광 돌리는 일이 입에 가득해지고
끝까지 궁핍하지 않길 두 손 모으고
하나님 외에 어떠한 것도 기대하지 않는 것
하나님만으로 만족하고
하나님만이 희망임을 증거 하는 것, 변함없이
나의 피난처가 되시는 주의 성실을 찬양하며
백발이 되어 내 영혼이
얼마나 자유롭고 즐거운가, 상상하며
결코 웃음을 잃지 않고
마지막까지 주의 힘과 능력을 후손에게 전하고
해가 지도록 작은 소리로 주님의 의를
읊조리는 것

시편 72

정의가 꽃을 피우게

이 바다에서 저 바다까지
이 강에서 저 땅 맨 끝까지
우리의 왕이 다스리게 하시되
모든 왕이 그 앞에 엎드리며
모든 백성이 그를 섬기게 하시되
먼저 정의가 꽃을 피우게 하십시오
마른땅을 적시는 단비처럼
우리의 왕이 주의 백성을 다스리게 해주십시오
힘없는 사람과 가난한 사람들이 억울하지 않도록
우리의 왕에게 사랑과 공의를 내려주십시오
놀라워라, 홀로 일하시는 주 하나님
찬양합니다
정의가 꽃을 피우게 하실 영광스러운 주의 이름
찬양합니다
그 영광을 온 땅에 가득 채워주십시오
아멘 아멘

제3권

우리가 주께 감사하고 감사함은 주의 이름이 가까움이라(시75:1)

시편 73

찬양 뮤지션들에게

마음을 깨끗하게 하고 손을 정결하게 하는 일이
헛되게 느껴질 때
하나님을 멀리하는 자의 형통함이 눈에 들어오고
저들의 부요함에 질투심이 생길 때

가까이 하나님의 성소에서
노래하며 해답을 얻을 수 있네

하나님을 멀리하는 자들의 풍요는 한때의 꿈
그 형상은 결국 깨지게 되는 걸 보여주시네
레위 지파의 찬양을 맡은 사람처럼
예배하면 알게 되네
영광으로 나를 영접해주실 그분을,

멀리 혹은 가까이
그 사이에서 구별되는 영원한 분깃

하나님의 때가 되면

무릇 멀리하는 자는 망하고
가까이하는 자들에게 선명해지는 사실 하나

예배하는 자의 복
찬양하는 자의 복

시편 74

응답이 없는 기도

어찌하여 우리를 영원히 버리십니까
치욕의 그날을 기억해 달라고
응답이 없는 기도를 드릴 수 있는 건
기도하는 자가 그날을 기억하려는 또 하나의 이유

결코 잊지 않으시는 하나님에게
이것을 기억해 달라고
저것을 기억해 달라고
마지막 보루처럼 엎드려
절대 물러나지 않고
스스로 기억의 근력을 키워간다

그리고 오랜 기다림과 고독
잊지 않아야 하기에, 잊지 않는 게 축복임을
그게 기도의 성취임을
알아
다시 응답이 없는 기도의 자리로
메아리처럼 회귀한다

시편 75

뿔을 들지 말라

죽이기도 살리기도
가난하게도 부하게도
낮추기도 높이기도
세우기도 소멸하기도

그건 모두 하나님이 하시는 일
뿔을 함부로 들지 말라
뿔 위에 진노의 잔이 쏟아질까
뿔이 다 베일까 두려워하라

너희는 다만 주의 이름이
가까워지는 것을 감사하라

시편 76

한번

하늘 향해 주먹을 찔러대던 사람들
한 번만 하나님을 보여준다면 믿겠다더니
가진 것 모두 빼앗기고
무덤에서 아무런 힘도 쓰지 못하는구나
한번 한번…… 그러다가
제발 심판을 마주하지 않기를
원치 않아도 누구나 한 번은 하나님을 만나니
주가 한번 말하시면
불화살이 꺾이고
병거와 말은 깊이 잠들어 전쟁이 끝나고
땅은 두려워 잠잠하게 될 것이니
주의 목전에 설 사람이 누가 있을까
하나님은 언제나 어디에나 계신다
주의 영광이 풀꽃 하나에도 가득하다
부디 한번, 믿어지기만 하면
그가 하신 모든 일, 그의 사랑, 그의 나라

시편 77
작은 물결

주께서 나를 영원히 버리신 것일까
그 오른손을 거두시는 것만 같아
뜬눈으로 밤을 지새우고 낙심이 들 때

문제에서 눈을 돌려야 하네
주께서 하셨던 일을 기억해내는 것이네
그걸 작은 소리로 읊조리며
낮은 소리로 되뇔 수만 있다면

답답했던 내 마음에 작은 물결이 일어나네
물결이 물결을 일으키듯
찬양하네

물들이 주를 알아보고 두려워 떨 때
바다가 갈라진 것처럼
그렇게 행하실 주님을 찬양하는 것

작은 물결을 일으키면 기적이 일어나네

주의 길이 바다에 있었네
주의 길이 큰 바다에 있었지만
아무도 주의 발자취를 알 수 없었네

그건 나만의 비밀,
찬양의 힘

시편 78
휘어진 가지

감추어졌던 것을 조금씩 드러내는 것같이
삶과 죽음이 연결되어 있다

거룩한 씨앗의 증거들
묵은 가지는 새 가지에게
새 가지는 다시 태어나는 가지에게
이를 알게 하여

하늘 문이 열리고
만나가 내리는 것같이
메추라기가 떨어지는 것같이
이파리를 내민다

낮에는 구름을 따라 밤에는 달빛을 따라
간다, 때론 가고 다시 돌아오지 못하는 바람처럼
배반하고 반항하며
거듭거듭
주어진 길을 의심하며

하나님은 가지 끝에 눈길을 뗀 적 없으시다
빗나간 화살 같은 가지 위에
서리와 강풍과 번갯불이며
그건 한결같은 사랑의 역치

요셉의 가지는 버리고
유다와 다윗의 휘어진 가지에
꽃을 피우기까지

그렇게까지 하나님은

시편 79

갇힌 자의 탄식

성전이 더럽혀지고 성벽이 돌무더기가 된 까닭은

주의 종의 시체가 새에게 던져지고 성도의 육체가 짐승에게 주어진 까닭은

믿는 자들이 비방거리가 되고 조소와 조롱거리가 된 까닭은

어느 때까지인가요?

불길 같은 주의 질투를 대면해야 하는 까닭은

돌무더기 속에서도 감사하며 기도하는 까닭은

시편 80
포도나무

시들어 가네
주의 오른손으로 심겨진 줄기
강까지 뻗어간 넝쿨

멧돼지에게 치이고 들짐승에게 뜯기고 있네
그늘이 산들을 가리는 백향목 같은 가지들이
불타고 있네
칼로 베이고 있네

눈물의 양식을 먹는
이 나라
이 백성
이웃의 적들이 먹잇감처럼 달려들고
비웃을 때

기댈 곳 없어 기울어 가네
주의 얼굴빛을 찾는 눈동자 같은 이파리 몇 개
넝쿨의 빈손들

시편 81

입을 크게 열어

기쁘게 노래해
즐겁게 뛰며 소리 질러
하나님을 향해
시를 읊고 장구를 치고 나팔을 불어

어깨의 무거운 짐이 벗겨질 거야
하나님은 우렛소리의 은밀한 곳에서 귀 기울이시지
너희도 그분의 말을 들어봐
다른 신을 두지 말고 이방 신에게 절하지 말라 하시는
주님을, 제발 그분만을 바라봐
어떤 일에도 그분을 놓치지 말아

입을 크게 열어
그분이 채워주실 거야
마음을 크게 열어
그분의 임재를 느낄 거야

시편 82
재판관에게

재판관, 그대를
신이요 지존자의 아들이라 부르겠다
재판은 하나님께 속한 것이니
그대에게 하나님의 속성과 권위를 부여하겠다
그러므로 하나님의 마음을 가지고 판단하라
억울한 일이 없어야 한다
가난하고 궁핍한 사람이 소외되지 않도록
공정한 판단을 해야 한다
그걸 깨닫지 못하면 땅의 기초가 흔들릴 것이다
그대가 제대로 하지 않고 교만하면
하나님이 너희의 판단을 재판하실 것이다
재판관, 과연 신이라 부를 수 있는 사람아
공의를 고민하라

시편 83
고립의 응답

굴러가는 검불같이
바람에 흩날리는 지푸라기같이
사라질
나라들

주를 미워하는 자들이 머리를 치켜들었구나
주의 백성을 포위하고 치려는 간계를 꾀하는구나
하나님의 목장을 저들의 소유로 취하려는 자들
저들 얼굴에 수치를 뒤집어쓰려는 자들

주의 폭풍이 일어나고
주의 백성의 고립은 끝이 날 것이다

주의 이름을 찾지 않으면
주를 온 세계의 지존자로 알지 않으면
지구별에서 사라질 나라들
하나님이 잠잠히 바라보고만 있지 않을 자들

시편 84
생각만 해도

마음에 하나님을 향한 시온의 대로가 있다면
순례자들이 주의 집을 향해 가는 것 같을 텐데
하나님의 임재를 체험하는 그곳
삶의 안식을 누릴 수 있는 그곳
생각만 해도 새 힘을 얻게 될 텐데
눈물의 골짜기를 지날 때 그곳을
많은 은혜의 샘으로 변하게 만드는
그런 간절함이 있다면
찬양하고 기도하고 교제하는 주의 집을
생각만 해도, 기쁨이 샘솟게 될 텐데
참새도 제 집을 짓고
제비도 새끼 둘 보금자리를 얻을 수 있는 집,
주의 집을 찾아가는 시온의 대로가 마음에 있다면
은혜와 영화의 복을 누릴 텐데
주의 집에서의 한 날이 다른 곳의 천 날보다 나은즉
주의 집의 문지기가 되어도 좋은
그런 생각만 해도

시편 85

부흥

이 땅에 은혜를 베푸시어
하나님 나라를 잃고
세상에 포로 된 자들이 돌아오게 하소서
분노를 거두고 화평을 말하게 하소서
주께서 우리를 다시 살려주옵소서
긍휼과 진리의 균형
정의와 화평의 입맞춤
주의 영광이 이 땅에 머무르기를
목마르게 기다립니다
우리의 역사를 다시 세워주옵소서

시편 86

은혜의 표적

고통스럽고 궁핍할수록 남에게 없는 나만의 것

날 미워하는 저들이 보고 부끄러워할 만한 것

주의 손길을 평생 잊지 말라는 거룩한 흉터 같은 것

주를 바라보게 하고 주의 한결같은 사랑과 진실에 영혼이 기뻐하게 되는 것

짙어지며 깊어지는 어느 가을색 같은 것

할 수 있거든 작은

하찮게 보이는

다른 무엇과도 바꾸고 싶지 않은 그 무엇

시편 87

정체성에 관하여

나의 모든 근원, 하나님을

찾아가는 예배
찾아가는 춤
찾아가는 노래

시편 88

영혼의 어두운 밤*

무덤에 누운 자처럼 영혼의 어두운 밤을 대면할 때
기도를 포기하지 않는 것이다, 이 절대적 고독 가운데
눈이 쇠하면 귀를 내밀고
뱉어낼 언어가 없으면 빈손을 들고
힘이 없으면 엎드리어 고립을 껴안는 것이다

은총은 새벽처럼 온다

---

*십자가의 성 요한(1542~1591)의 책.

시편 89

다윗을 찾아내듯

하나님은 약속을 지키신다
잃어버린 다윗을 다시 찾아내듯
그 거룩한 약속은 영원하다
그건 결코 변한 적 없는 주의 인자와 성실 때문
하늘과 땅의 모든 기초에서부터
다윗에게 약속한
그리스도 메시야의 현현까지
어떤 일이 있어도
어느 때
다윗을 찾아내듯 누구에게나
주는 스스로를 증명하실 것이다

제4권

시를 지어 즐거이 그를 노래하자(시95:2)

시편 90

소멸, 달개비처럼

꽃 속에 하루살이가 있고 시지푸스가 있다
영원에서 영원까지의 한 점

천년이 지나간 어제같이
순간이지만
빛 가운데 드러나지 않는 게 없다

아침에 피었다가 한나절 만에 지는 꽃
잠깐 자는 것처럼 녹아내린다

영원한 거처를 찾아
티끌로 돌아가는 소멸이라면
잠시 꽃같이 두 손이 행하는 일

다만 은총이기를
주의 영광만이 나타나기를

시편 91

거처

주의 날개 아래
주의 진실함으로 보호받을 자여
피난처 되시는 주의 이름을 찬양하자
어두울 때 번지는 전염병과 밤에 날아드는 화살
그 어떠한 두려움도
가까이 오지 못하게 하려거든
가장 높은 곳을 꿈꾸는 자여
지존자를 그대의 거처로 삼고
그분을 사랑하자
그분을 예배하자
구원의 그물을 기다리는 자여

시편 92

수읽기

나를 지으신 그분이
아침마다 한결같은 사랑을 보여주신다니
밤마다 곁을 지켜주신다니

얼마나 좋은가, 그분의 성실하심
주의 손으로 지으신 창조의 묘수,
주께서 행하신 일이 얼마나 크신지
주의 생각이 얼마나 깊으신지

그걸 깨닫지 못하는 사람들
금세 꽃으로 물드는 황홀한 들녘처럼 있다가
마침내 시들어 바람결에 흩어지는 것을
내 눈이 보았지
내 귀가 들었지

너희는 그렇지 않아
종려나무처럼 푸르고 백향목처럼 우뚝 솟을 거야
하나님의 집에 뿌리를 내리었으니

늙어서도 결실이라니
청청한 빛이라니

그게 그분의 마음, 정직한 수
주의 생각이 얼마나 깊으신지

시편 92

안식일의 노래

여호와의 집에 뿌리를 내린 나무여
늙어도 여전히 결실하며 진액이 풍족하고
빛이 청청하다

온몸으로 말하는구나
아침에 주의 사랑을
밤마다 주의 진실을

들소의 뿔같이 솟은 가지
신선한 기름이 부어진 것 같은 이파리들
환성을 올리는구나

주께서 행하신 일이 얼마나 큰 것인지
주의 생각이 얼마나 깊은 것인지

그 손길에 감사하듯
가장 높으신 분을 드러내듯
정직하신 주의 이름을 노래하는구나

시편 93
통치 1

큰물이 소리를 높여 물결을 높이는 것보다 큰
주의 능력과 위엄,

스스로 영원하고
스스로 거룩하고
스스로 높고 견고한

시편 94

gate, 악의 꽃

들풀을 짓밟으며 피는 꽃
하나님이 알아차리지 못할 것처럼
궁전 안에도
궁전 밖에도

아름답게
빠르게 번지며
시들지 않는 악의 꽃

보라, 모든 것은 드러난다
저들의 생각이 허무함을 누가 알겠는가

지혜롭게 끝까지 바라보라, 어리석은 눈들아
누가 일어나 저 꽃을 꺾어주는지

눈을 만드신 이가 보지 아니할까
귀를 만드신 이가 듣지 아니할까
창조주가 도와주지 아니하시면

백성들의 영혼은 침묵 속에 잠겼을 것을

정직한 자들이 인정하는 날이 찾아올 것이다
주의 뜻에 어울리는 심판 후에

시편 95

일용할 안식

내가 오늘 주님의 음성을 듣거든
순종하길 원합니다
나는 주님의 손에 있는 양입니다
거짓에 미혹되어 길을 잃지 않게 해주세요
주님께 즐거이 노래하겠습니다
감사의 시를 지어 노래하겠습니다
여호와는 크신 하나님
하늘과 땅의 모든 것이 그의 것
나를 지으신 주님께 경배합니다
오늘 나의 마음을 열겠습니다
일용할 안식을 허락해주세요

시편 96

새 노래로

내 삶에 새 일을 행하시는 주님께
새 노래로 노래합니다
나를 향한 그의 구원을
날마다 노래합니다
내게 기적이 아닌 것이 없습니다
나의 가장 아름답고 거룩한 것으로
그 놀라운 기적을 노래합니다
주님이 내게 일하시니
내가 새 노래로 노래합니다

시편 97
통치 2

기쁨의 이유가 없는 이 땅에 공의와 정의가 기초가 되기까지

우상을 의지하고 허무한 것을 자랑하는 사람들 모두 수치를 당하기까지

공의와 정의를 기다리는 사람에게 주께서 빛과 기쁨을 뿌려주기까지

모든 백성들이 주의 영광을 보기까지

그 거룩한 이름의 통치

시편 98
노래하는 시인

구원 받은 자여
그대의 노래는 새 노래
자기를 위하여 구원을 베푸신
주의 공의와 인자와 성실의 노래
그대는 노래하는 대로 즐거워하고
노래하는 대로 살아가는 자
구원 받은 자여
그대는 노래하는 시인
온 땅이 소리 지르게 하고
바다와 산악을 불러 박수 하게 하여라
호산나, 주를 향하여

시편 99

통치 3

능력 있는 왕은 정의를 사랑하느니
그의 통치는
거룩한 공의와 자비로운 용서와 소통

크고 두려운 이름 앞에
만민이 떨고 땅이 흔들린다

경배하라, 거룩하신 하나님을

시편 100

나는 행복한 예배자

창조주 하나님께 이렇게 예배하겠습니다

하나님이 나를 지으셨으니
나는, 당신의 것 당신의 백성
당신이 기르시는 양

기쁘게 환호성을 울리며
당신의 이름을 부르겠습니다

감사의 노래로 그의 문에 들어가서
찬양의 노래로 그의 뜰 안에 들어가서
나의 목자이신 주님께 큰 소리로 외치겠습니다

선하신 주님
주의 인자하심이 영원 영원
주의 성실하심이 영원 영원

나는 행복한 예배자

시편 101

통치자의 선서

내가 먼저
사랑과 정의를 노래하겠습니다
사생활에서부터 완전한 길을 주목하고
궁전에서 완전한 마음으로 살겠습니다
악한 것을 눈앞에 두지 않고 손도 내밀지 않겠습니다
왜곡된 생각을 멀리하겠습니다
이웃을 헐뜯거나 눈이 높고 교만해지는 행위를
절대 용납하지 않겠습니다
나와 같이 완전한 길을 가겠다는 신하들을 세우겠습니다
거짓을 행하는 자는 궁전에서 살 수 없습니다
거짓 보고를 하는 자는 내 앞에 서지 못합니다
악을 도모하는 세력
아침마다 그 입을 다물게 하겠습니다

시편 102
중년, 광야의 올빼미

   인생의 날이 연기처럼 사라진 것 같아요 뼛속으로 찬 기운이 들어오네요 숟가락을 잡기도 싫고 마음은 풀처럼 시들어 가요 탄식이 습관이 되었어요 살과 뼈가 붙어버린 듯 내 모습이 지워지네요 모두가 원수처럼 보입니다 상처를 주는 짐승들이 미친 듯이 날뛰고 다녀요 온통 먼지이고 소란이고 질투이고 법석일 뿐이군요 재를 먹고 눈물 섞인 물을 마셔요 난, 세상에 포로 된 자, 문득 기울어지는 그림자가 눈에 들어와요 난 시선을 어디에 던지고 산 것인가?

   난 광야의 올빼미

내 마음에 시온 같은 게 있을까요
시온의 돌들도 즐거워하고 티끌마저 은혜를 받는 그런

주여, 중년에 나를 데려가지 마세요
내게 주의 얼굴을 숨기지 마세요
기회를 주세요 아직 나를 돌아보지도 못했어요
사랑하지도 못했어요
용서하지도 못했어요

자유를 이해하지도 못했어요
당신의 이름을 목청껏 불러보지도 못했어요

시편 103
내 영혼아 2

내 영혼아, 여호와를 기억하라
내 속에 있는 것들아
모두 그의 거룩한 이름을 기억하라

그의 인자하심이
얼마나 풍부한가

그가 만드시고
그가 통치하는 모든 곳

주를 경외하는 자에게
그의 언약을 지키고 그의 법도를 기억하는 자에게
하늘이 땅에서 높음같이
그의 인자하심이 얼마나 큰가

바람이 지나가면 없어질 풀 같은 존재여
피고 지는 들꽃 같은 허무여

내 영혼아 기억하라
영원부터 영원까지 이르는
그의 인자하심을

시편 104

내 영혼아 3

내 영혼아, 주님을 찬양하자
주님은 존귀와 권위를 갖추신 창조주
빛으로 옷 입으시고 하늘을 휘장같이 치신 분
주께서 하신 일이 어찌 그리 많을까
이 모든 것을 그분이 지혜로 만드셨으니
그분이 지으신 것이 온 땅에 가득하다
모든 피조물들이 주의 공급을 기다린다
저들의 호흡은 주님에 달려 있다
주의 영이 임하시면
하늘과 땅의 모습이 새로워질 것이다
주님은 친히 행하신 것으로 기뻐하신다
내 영혼아, 주의 영광을 위해 찬양하자
주의 영광은 영원한 것
호흡이 남아 있는 그때까지
시를 지어 찬양하자

시편 105

언약에 의한 언약을 위한

여호와께 감사하고 그의 이름을 부르는 것
그가 하신 일을 만민에게 알게 하는 것
그에게 순종하고
그를 노래하고 그가 이루신 일을 증거 하는 것

어떤 일에서도
그 거룩하신 이름을 노래하는 것

갈급하듯, 그의 능력과 그의 얼굴을 구하는 것

그의 놀라운 일들
그 이적과 그가 내리신 판단들
보고 기억하는 것

그는 나를 구원하신 여호와 하나님
온 땅에 가득한 그의 지혜여 사랑이여

그의 언약, 자손 수천 대를 두고 약속하시고

그걸 기억하시는 하나님,

신실하신 그분처럼

너희도 그 약속을 결코 잊지 않는 것

시편 106

중재

하나님과 멀어진 곳으로 들어가
모세처럼 엎드리거나
비느하스처럼 죄를 끊거나

하나님이 자기 이름을 위하여
베푸신 은혜와 구원을 기억하게 하는 것

여호와께 감사하자
그는 선하시며 그 인자하심이 영원하시다

정의를 지키며 공의를 행하자
무너진 성벽 앞에서
주의 음성을 들으며 주의 권능을 말하며

흩어졌던 마음을 모으며
주의 택하신 자들이
불평 대신 형통의 복을 증거 하게 하는 것

하나님 나라의 기쁨을 나누어 갖게 하고
그의 유산을 자랑하게 하는 것

제5권

비파야, 수금아, 깰지어다 내가 새벽을 깨우리로다(시108:2)

시편 107

기다림의 자리

광야 사막 길 어두움에 포로 된 것처럼
흑암과 사망의 그늘에 앉아 곤고와 쇠사슬에 포로 된 것처럼
바다 솟구치는 큰 물결에 포로 된 것처럼

그 고독 가운데,

자신을 침묵시키고
당신을 경청해야 하는
기다림의 자리

하나님, 감사합니다
당신이 나를 부를 수 있는 자리를 만드셨군요

하나님은 선하시고
그 인자하심이 영원하십니다

시편 108

응답

새벽을 깨우기 위해
내가 노래하겠습니다
어둠의 장막이 걷히도록 내가
마음을 다해 찬양하기로 결정합니다
새로운 역사의 날을 감사로 준비하겠습니다
주의 영광이 온 땅 위에 높임 받으시기까지
내가 새벽을 깨우겠습니다

시편 109

아픈 소원

내 마음에 가득한 것들이
할 수 있거든
기도할 때만 사용되게 하소서

나는 사랑하나
그들은 도리어 나를 대적하니
나는 기도할 뿐입니다

입으로 나온 것들이
물같이 몸속에 스며들거나
기름 같이 뼛속에 들지 않게 하소서

내 손에서 이 아픈 소원을 떼어
주님께 부탁합니다
모두 주의 손이 하시는 일입니다

시편 110

새벽이슬 같은

역사는 거룩한 열정으로 헌신할 백성을 기다린다

주, 메시아 권능의 날

시대의 변화와 치유를 꿈꾸는
새벽이슬 같은 청년들이
주께 나올 것이다

시편 111

지혜의 시작

주님이 손으로 행하시는 일
어찌 찬양하지 않을 수 있을까
한번 눈이 열리기만 하면

존귀하고 진실하고 정의로운 그 일의 능력을
영원히 감사하며 기억할 수밖에

그런 주님을 경외하는 것이
지혜의 시작이어서

시편 112
주의 계명을 즐거워하여

줄 때, 주어지는 복을 아는 이여

후손에게 복을 누리게 하는 이여

어둠 속에서 빛이 일어나게 하는구나, 그의 자비와 긍휼

그의 정의여

그리하여 영광 중에 들려지는 그의 뿔이여

시편 113

사랑

어디까지 스스로 낮추시는지요

거름더미 속에 있는 나의 발끝까지라니요
내 눈물이 떨어지는 곳까지라니요

부끄럽군요 너무 많이 내려오셨어요

아, 나를 위해 죽기까지라니요

시편 114
부르심

하나님은 나와 함께
약속의 땅으로 걸어가셨다

두고 온 땅의 것들은 이상하게도 희미해져 갔다

손에서 놓아야 할 때, 라고
하나님은 속삭이듯 말씀하셨다

가야 할 곳에 도달하는 것보다
마음의 변화를 원한다
저기 땅들이 떨고
바다가 도망하고 강이 물러가는 것 보라

무슨 일이든 너에게 일어나게 하라

광야에서

너의 마음을 보고 싶다

시편 115

우상의 진화

사람이 우상에게 말을 한다
우상이 사람에게 말을 한다

사람이 우상을 닮아간다
우상이 사람을 닮아간다

여호와를 경외하는 사람이 우상의 탈을 벗는다
여호와의 이름을 모르는 사람이 우상을 빚는다

우상이 사람을 빚는다

시편 116

그가 들으시니

주님은 나의 모든 것을 경험하신 분입니다

나의 절박한 음성을 들으시니
그의 귀를 나의 슬픔에 기울이시니

사랑합니다
내가 호흡이 있는 날까지 기도하겠습니다
내가 구원의 잔을 들고 찬양하겠습니다

그가 들으시니
내 영혼아, 평안할지어다

시편 117

찬양의 이유

나를 향한

그의 인자하심이 크시기에
그의 진실하심이 영원하기에

시편 118

예배자

내가 하나님의 편이니
사람이 내게 어찌할까

내가 주의 이름으로 저들을 끊을 것이다
나를 에워싸고 에워싸는 저들이
가시덤불의 불같이 타 없어지리니

내가 의의 문을 열고 들어가
주께 감사하며
그의 인자하심이 영원함을 찬양할 것이다

의의 장막에서 승리의 함성이 들린다

주의 이름으로 오는 자,
형통의 복이 있으리라

시편 119

말씀의 길을 걷는 자

그에게 복이 있을 것입니다
그의 행실을 깨끗하게 하는 방법은 그것뿐
그의 눈이 열리고 그는 놀라운 세계를 발견합니다
눌려 있던 그의 영혼이 자유하게 됩니다
그는 길에서 벗어나지 않기를 간구합니다
구하였으니 자유롭게 걸어갑니다
어느덧 그 길이 그의 소유가 되었습니다
그는 하나님이 자신의 거룩한 분깃임을 증거 합니다
고난도 그에게 유익입니다
고난이 주의 인자하심을 깨닫게 하기 때문입니다
그는 기다립니다, 그의 영혼이 지치고 그의 눈이 상할 만큼
그는 찬양합니다, 주가 만드신 것은 흔들리지 않기에 주의 말씀이 완전하기에 주의 성실을
그는 고백합니다, 주의 말씀이 꿀처럼 달기만 합니다
주의 말씀은 내 발의 등이요 내 길에 빛입니다 아멘
그는 두 마음 품는 자를 미워하고 주의 말씀을 사랑합니다
그는 공의와 정의를 행합니다
그에게 말씀이 열리면 그는 그를 깨닫게 하는 빛을 봅니다

그에게 주는 의로우시고 주의 판단은 항상 옳습니다
그는 전심으로 기도합니다 주어진 자신의 길을 위해
그는 고난에 처할 때 말씀을 기억하며 긍휼을 구합니다
그는 거짓을 싫어합니다
그는 주의 말씀을 즐거이 노래합니다

시편 120

나의 모습

거짓된 입술과 속이는 혀에서
내 생명을 구해주십시오
알게 혹은 모르게
품었던 티끌은 화살이 되고 숯불이 되었습니다
진실을 원하나 진실하지 않습니다
화평을 원하나 화평하지 않습니다
이게 나의 모습입니다, 하나님

시편 121

순례의 길

시온을 향해 걸어가네 사막을 지나
낮의 해가 공격하고 밤의 달마저 두려운 사막
순례길에서 희미하게 떠오르는 시온의 산을 바라보네
이슬이 맺혀 있을 산 끝으로
나의 곤한 눈을 가만히 가져가 보네
어디선가 순례의 노래가 들려오네
나를 도와주실 분 누구인가 하늘과 땅을 지으신 여호와 아닌가
가는 길이 외롭지 않기를 바라네
졸지도 주무시지도 않는 그가 함께한다네
정말 나를 도와주실 분은 누구인가
내 삶의 그늘이 되어주시는 주 여호와 아닌가
햇빛을 막고 달빛을 가려주시는 분
그가 나와 사막을 지나가게 하시고
그가 나의 영혼을 지켜주시네
나를 기다리는 시온의 산을 바라보네
지금부터 영원까지, 나의
떠나는 길과 돌아오는 길을 바라보시는 그분과
순례의 길을 가야겠네

시편 122

샬롬

예루살렘을 바라보는 순례자의 눈빛으로
예루살렘을 사랑하는 순례자의 발걸음으로

이 땅에 평화가 깃들기를 기도합니다

내가 먼저 내 형제와 친구를 위하여
하나님의 집을 위하여

시편 123
조소와 멸시가 넘칠 때

다만 조용히
주의 긍휼을 구합니다

종들이 주인의 손을 바라보는 것처럼

본능이 아닌
하늘에 계신 주님을 향해
내가 눈을 들어

시편 124
이기적 올무

나는 내 편, 이란 말을 좋아했습니다

주님은 내 편, 이란 말만 좋아할 뿐
나는 좀처럼 변하지 않았습니다

주님이 조금 당황하셨겠어요
내 편 네 편, 편 가르기 하고 있으니

이제 나의 이기적 올무를 끊어야겠어요
내가 주님 편에 서겠습니다

시편 125

두름

마음을 다해
주를 의지하면

주가 너를 두르실 것이다
시온산이 예루살렘을 두름과 같이

지금부터 영원까지

죄악의 손이 넘어오지 못하며
한쪽으로 굽은 길은 너를 비껴갈 것이다

너, 평강이 있을지어다

시편 126

꿈꾸는 것같이

사막이 강물을 만들고
꽃대를 밀어 올리는 날이 오듯

자유는 온다
꿈꾸는 것같이

그건 견디어 낸 존재들의 몫,

눈물을 흘리며 씨를 뿌릴 때

시편 127

나를 지으신 그가

나를 지으신 그가
나의 집을 세워주시겠다고 하네
나를 지으신 그가
내가 쌓은 성을 밤새 지켜주신다고 하네
그래야만 헛된 일이 아니라고
그가 내 손으로 그가 내 발로
아침부터 늦은 밤까지
일하신다고 하네
그래야만 헛된 일이 아니라고
그가 나의 눈이 되어
그가 나의 입이 되어
나를 위해 일하신다고
오늘은 수고의 떡이 넉넉할 거라고
오늘은 편한 잠을 잘 수 있을 거라고
나를 지으신 그가
나를 사랑하시는 그가

시편 128

집 생각

내가 주의 길을 가겠으니
내 손이 수고한 대로 복을 얻게 하소서
결실한 포도나무 같은 아내와
어린 올리브나무 같은 자식들과
식탁에 둘러앉아
주의 길을 가르치며
수고의 결실을 나누게 하소서

시편 129
등과 등을 맞대고

저들이 밭을 가는 것처럼
내 등을 찍어내어 고랑을 만들었습니다
고통 중에 내가 주의 얼굴을 구할 때
긴 고랑을 따라 땀방울이 흘러내렸습니다
주님이 내 등 뒤에 오셨습니다
우리는 등과 등을 맞대고 있었습니다
모세에게 하신 것처럼 주님은
얼굴 대신 자신의 등을 보여주셨습니다
주님 등에 십자가에 찍힌 고랑이 있었습니다
주님도 기도하고 계셨습니다

시편 130

기다림

주여, 내가 고통의 깊은 곳에서
기다립니다
내 영혼의 소리를 들어주세요
누가 지금의 이런 모습으로 주 앞에 서겠는지요
사유하심이 주께만 있으니
두려움과 떨림으로
주가 말씀하시길 내 영혼이 기다립니다
아침을 기다리는 파수꾼의 기다림보다
더한 기다림으로

오, 이 깊은 곳에 주의 자비를

시편 131

소유와 존재에 관한 질문

내가, 란 말을 조심하였는가

몸을 낮추고 하나님이 부르시는 일인지 기도했는가

이윤과 가치 중에 무엇을 택하였는가

젖 뗀 아이가 어미 품에 있는 것같이 지금 행복한가

내 영혼이 바라는 것이 무엇인가

시편 132

잃어버린 성막을 찾아 나설 때

내 안에 불붙은 떨기나무를 보았습니다

불이 올라와도 사라지지 않는 떨기나무에서
잃어버린 성막을 찾아 나설 때, 라는 음성이 들렸습니다

내 안에 웅크리고 있는 것들이 움직이기 시작했습니다
어린아이 같은 방식으로

아무도 생각하지 않은 순진한 일이
서로 밀치면서

어찌할 수 없는 갈급의 물결을 따라 요동하였습니다

내가 영원히 쉴 곳,
내가 기름 부음 받은 자를 위하여

그 소리가 분명하여
난 그만 신을 벗었습니다

시편 133
하나 되어 함께

얼마나 멋지고 아름다운가
우리가 하나 되어 함께한다는 것은

아론의 머리에 부은 기름이
그의 수염과 옷깃으로 흘러내리는 것같이
헤르몬산의 이슬이
시온의 비탈길로 흘러내리는 것같이

주님의 성령이 모든 이름 위에
주님의 은혜가 모든 이름 위에

얼마나 멋지고 아름다운가
우리가 하나 되어 함께하는 곳에
하나님의 손길이

시편 134
육체의 성전에게

보라, 밤이어라

지금 어디에 있느냐
너의 손은 무얼 하느냐
너의 입술은 무얼 말하느냐

시편 135
그의 특별한 소유

난 주의 손가락으로 만들어진 들꽃,
작은 성전처럼 서 있는

가진 모든 것으로
피었다가 지기까지는
주의 이름이 아름답고 영원하시다, 찬양하길 원하는

이 꽃 하나를 위하여,
온 우주가 질서를 유지했다니
눈높이로 빛이 유동하고
어둠 끝에서 안개가 일어나고
하늘이 열리기를 수천 번

땅을 기업으로 주시고
천지와 바다와 모든 깊은 곳까지
그가 기뻐하며 움직이셨다니

단지 그의 것이어서

시편 136
발끝에서 머리털 끝까지

영혼 구석구석 채워가듯

하나님과 함께하는 것을 선택하는 언어로
기쁨과 슬픔을 뛰어넘는 언어로

감사하여라

발끝에서 머리털 끝까지 느껴지도록
최대한 감사의 공간을 넓혀가자

모든 일을 함께 겪으시는
하나님의 임재 안으로 들어가

감사하여라
그분의 인자하심이 영원하다

시편 137

돌아갈 자리

돌아갈 자리를 기억해야 하는 사람은
아침에 강을 찾는다

버드나무에 악기를 걸어두고

아픈 기억을 따라 울기에는
강물만 한 게 없으니

흘러온다는 이유로
흘려보낸다는 이유로

끌어당기며
밀어내며

물결이 물결이게 하는 것은 강가의 그 바람 냄새

노래하는 것보다 절박해야 한다
돌아갈 자리를 기억해야 하는 사람은

시편 138
드러냄

부화하듯
안에서 밖으로 흘려보내는
내 영혼의 향기

어디서든지

하나님 앞에 있는 것처럼

시편 139

하나님 앞에 발견되는 나

주가 나를 아신다
나의 모든 생각과 혀끝의 언어까지

흑암이나 빛이나
주에게는 한 가지이다

나의 안과 밖,
어디에나 언제든 계시는 그분이
나를 지으신 그분이

내 몸이 만들어지기 전부터
나를 보시고 아신다
나보다 나를 더 아신다

시편 140

입술의 재난

입술 아래로 독사의 독을 두고
뱀같이 혀를 벼리는 사람들,
저들의 소원이 머리를 들 때
저들의 소원이 불러오는 재난이
스스로를 덮게 하소서

오진 진실만이
드러나게 하소서

시편 141

촛불

내가 손을 들어 주 앞에 분향하는 것같이
세미한 소리에 내가 귀 기울이는 것같이
거짓에 기울지 않으려는 나의 간절함같이
주를 바라보는 저녁의 눈동자같이
내 입술의 문을 지키는 파수꾼같이

내 영혼의 예배같이

시편 142

막장에서 만나다

상한 영혼이 하나님의 임재에 붙들려
나는 충분히 고요해져야 했다
그리고 소리 내어 부르짖을 때
벽이 흘러내렸다, 하나님이 그곳에
가득해지는 걸 느꼈을 때
나를 위한 하나님만 아시는 길이 보였다
버림받은 그곳이 안식처가 되었을 때
나는 희망이란 말을 갈급했다

시편 143

위험한 피로*

내게 한 그루 로뎀나무가 필요합니다

내 손을 펴고
마른땅같이 누워
나의 고갈이 내게 말하는 소리를 듣겠습니다

아침에 그분이 나를 만질 때까지
내 안에 그분께 열어드릴 길을 찾을 때까지

긍정하거나
부정하거나
무얼 하는 것 없이

나의 진실한 모습을 보겠습니다

---

*루스 헤일리 바턴의 '하나님을 경험하는 고독과 침묵'에서 인용.

시편 144

주의 손에 붙잡힌 나의 손

사랑의 손이
내 손을 찾는다

내 손을 단련시킨다
내 손을 사용하신다

아들은 장성한 나무같이 자란다
딸은 궁전의 아름다운 모퉁잇돌 같다
곡식으로 곳간이 가득하고 양 떼가 번성한다
소는 살이 찌고 길을 잃지 않는다

주의 손에 붙잡힌 나의 손

거리에 슬피 우는 소리가 사라진다

시편 145

피아니시모

날마다
그리고 영원히

할 수 있는 한 가슴을 크게 열어

왕이신 하나님을 높이고
주의 이름을 찬양합니다

찬양으로 존재하는
나,

작은 소리로
가장 깊이 찬양합니다

시편 146

찬양하라, 통치하시는 하나님을

내 영혼아, 하나님을 찬양하라

억눌린 자를 위해
주린 자를 위해
갇힌 자를 위해
사랑과 공의로 통치하시는 하나님을 찬양하라

호흡이 끊어지는 날
모든 언어도 소멸한다
도울 힘이 없는 인생을 의지하지 말고

내 영혼아, 찬양하라
진실을 지키시는 하나님 앞에
꺼지지 않는 촛불을 들어라

시편 147

말씀을 보내시니

주가 땅에 말씀을 보내시니
흩어진 백성들이 모인다

별처럼 모인 저들이 이름대로 불려질 것이다

마음이 상한 사람은 위로를 받고
상처가 회복될 것이다

저들이 일어나 주의 능력과 지혜를 찬양할 것이다

말씀을 보내시니
말씀이 속히 달린다

양털 같은 눈이 내린 후
추위가 녹아내리며 바람이 불 것이다

물이 흐르고
꽃대가 올라올 것이다

시편 148

모든 피조물들의 찬양

거룩한 찬양으로 가득한 우주를 바라보는가
해와 달과 별들의 합창 소리를
바람 부는 날의 숲의 화음을
가만히 귀 기울여 보는가
하늘을 가르는 까마귀의 한마디는 얼마나 간절한가
주의 명령으로 지음 받은 피조물 속에서
주의 명령으로 세움 받은 그대 또한
창조주의 이름을 불러보는가
주가 그대의 뿔을 높이시는 분이시다
하늘과 땅에 홀로 뛰어난 주의 영광을 위해
그대는 우주의 지휘봉을 잡겠는가

시편 149

성도의 영광

잠시라도 하나님의 영광을 함께한다면
세상의 영광을 찾지 않을 것이니
저들의 입에는 찬양이 있고
저들의 손에는 두 날 가진 칼이 있어
세상도 판단을 받겠거니와*
하나님의 영광을 함께하는 사람아
그 영광 중에 즐거워하며
어찌 새 노래로 찬양하지 않겠는가

---

*고전6:2.

시편 150

인생의 마무리

호흡이 있는 자여, 하나님을 찬양하자
그분의 거룩한 예배당에서 찬양하고
탁 트인 하늘 아래에서 찬양하자
마음에 심어진 일용할 말씀으로 찬양하자
햇빛같이
단비같이
하나님의 은혜가 임하도록 찬양하자
마음에 싹이 트고
성령의 가지가 올라와 꽃이 피도록
정성을 다해 찬양하자
하나님의 위대하심을 보고 찬양하자
호흡이 있는 자여, 하나님을 찬양하자
호흡은 하나님의 것이니
할렐루야!

이 도서의 국립중앙도서관 출판시도서목록(CIP)은 서지정보유통지원시스템 홈페이지(http://seoji.nl.go.kr)와 국가자료공동목록시스템(http://www.nl.go.kr/kolisnet)에서 이용하실 수 있습니다.(CIP제어번호: CIP2017013924)

시인동네 시인선
그가 들으시니
ⓒ 한현수

초판 1쇄 발행 2017년 6월 30일
초판 2쇄 발행 2018년 5월 25일
　　　지은이 한현수
　　　펴낸이 고영
　　책임편집 서윤후
　　　디자인 헤이존
　　　펴낸곳 문학의전당
　　출판등록 제2017-000002호
　　　　주소 서울시 마포구 마포대로 11길 91, 3층
　　　　전화 02-852-1977　팩스 02-852-1978
　　전자우편 sbpoem@naver.com

　　　ISBN 979-11-5896-325-5 03810

＊이 책의 판권은 지은이와 문학의전당에 있습니다.
＊양측의 서면 동의 없는 무단 전재 및 복제를 금합니다.
＊잘못 만들어진 책은 바꿔드립니다.